Michael Hainisch

Der Kampf ums Dasein und die Sozialpolitik

Michael Hainisch

Der Kampf ums Dasein und die Sozialpolitik

ISBN/EAN: 9783744609357

Hergestellt in Europa, USA, Kanada, Australien, Japan

Cover: Foto ©Suzi / pixelio.de

Weitere Bücher finden Sie auf **www.hansebooks.com**

Der Kampf ums Dasein

und die Socialpolitik

Von

Dr. Michael Hainisch.

Leipzig und Wien.
Franz Deuticke.
1899.

Vorwort.

Eine größere Arbeit, die ich in nicht allzu ferner Zeit zum Abschlusse zu bringen hoffe, nöthigte mich, mich mit der Lehre vom Kampfe ums Dasein und seiner Anwendung auf die menschliche Gesellschaft zu beschäftigen. Bei dieser Gelegenheit fand ich in der Literatur über die Frage zwar sehr viel Ueberzeugendes, aber kein einziges Buch und keine einzige Abhandlung, denen ich mich völlig anzuschließen vermocht hätte. Wenn ich es nun wage, einen Vortrag zu veröffentlichen, den ich vor einigen Wochen in einer Gesellschaft von Socialpolitikern gehalten habe, so leitet mich weniger das Streben, die Literatur durch einen Beitrag meinerseits zu vermehren, als der Wunsch, in Kürze darzuthun, daß man nicht, wie dies noch immer zu geschehen pflegt, aus der Lehre Darwin's Waffen gegen die Socialpolitik schmieden kann.

Es entzieht sich meiner Beurtheilung, ob es mir gelungen ist, dem reichen Schatze an Ideen, den Männer wie Lange, Schäffle, Schmoller, Huxley u. a. m. zusammengetragen haben, einen einzigen neuen Gedanken hinzuzufügen oder auch nur diesen Vorrath originell zu gruppiren. Denn die überreiche Literatur über diese Frage in allen Culturspachen zu überblicken, ist beinahe ein Ding der Unmöglichkeit. Fast möchte ich glauben, daß, sollten meine Ausführungen richtig sein, auch Andere zu demselben Ergebnisse gelangt sind oder doch gelangen werden. Denn von den Ideen, sagt Galton, gilt dasselbe, was von den Aepfeln gilt. Wenn sie reif werden, fallen sie vom Baume, welcher aber zuerst fällt, hängt von allerlei Nebenumständen ab, die wir als Zufall zu bezeichnen pflegen.

Wien, im April 1899.

Der Verfasser.

Wenn in ferner Zukunft die Entwickelung der europäischen Völker in der Zeit vom Ende des 17. Jahrhunderts bis ins 20. Jahrhundert hinein den Gegenstand unbefangener geschichtlicher Betrachtung bilden wird, so dürfte kein Zweifel darüber herrschen, daß die ganze Periode zu den bedeutsamsten und ereignisreichsten der Cultur- und Weltgeschichte gehört. Die Entdeckung Amerikas und des Seeweges nach Indien, die Erfindung des Buchdruckes und des Pulvers, die Wiederbelebung der classischen Studien und die Emancipation von dem mittelalterlichen Katholicismus, kurz Alles, was uns die Schule als Marksteine an der Scheide zwischen Mittelalter und Neuzeit aufzeigte, hat seine Früchte erst in unserer Zeit reifen sehen. Der Gesichts- und Interessenkreis der europäischen Völker hat sich so erweitert, daß er den ganzen Erdball umfaßt, Massen von Auswanderern, gegen die die Stämme der Völkerwanderung numerisch weit zurückbleiben, ergießen sich in die Neue Welt, in die Städte und Industrialorte, an Stelle der kleinen Kriegsvölker des Mittelalters sind die Millionenheere getreten, und die große Verwendung des Buchdruckes hat unserem Zeitalter bereits den Spottnamen des papiernen eingetragen. Auch die Wissenschaft ist in den zwei letzten Jahrhunderten erst zur vollen Entfaltung gelangt, theils indem sie sich in zahlreiche Specialwissenschaften spaltete, theils indem sie ihren zunftmäßigen

Charakter abstreifte und Gemeingut aller Gebildeten wurde. Unter den einzelnen Wissenschaften sind es besonders die Naturwissenschaften, die einen großen Aufschwung nahmen, ja zum Theile erst ihre Begründung fanden.

So sehr uns nun auch die ganze Entwickelung eine organisch fortschreitende zu sein scheint, welcher Unterschied besteht nicht zwischen der Weltauffassung des 18. und der des 19. Jahrhunderts? Die führenden Geister des 18. Jahrhunderts beseelt ein jugendfrischer Optimismus, der ihr Studium so genußreich macht. Wie sich dem Manne mit dem Talisman die versperrten Schlösser aufthun, so steht das 18. Jahrhundert in sieghafter Zuversicht allen großen Fragen gegenüber, mögen sie sich auf religiösem oder socialem Gebiete bewegen. Im Gegensatze hierzu erscheint das 19. Jahrhundert fast als eine Zeit des Katzenjammers. Auf die Periode der Zuversicht ist eine solche des Zweifelns und Schwankens gefolgt. Der Glaube an die Richtigkeit des Rationalismus und der a priori gewonnenen Erkenntnis ist gewichen, ohne einem neuen allgemein anerkannten Glauben Platz zu machen. So sehen wir denn, wie auf allen den Gebieten, auf welchen unsere Großväter und Väter eine gesicherte Erkenntnis zu besitzen vermeinten, der größte Theil der positiven Arbeit dazu verwendet wird, Bausteine zum Neubau zusammenzutragen. Und zwar sucht man diese Bausteine zunächst in der Vergangenheit; aus ihr will man die Gegenwart begreifen und Blicke in die Zukunft werfen.

Damit ist die historische Auffassung in einer ganzen Reihe von Wissenschaften zur alleinherrschenden oder wenigstens mitbestimmenden geworden. Die Theologie wird historisch wie die Philologie, sie sieht ihre Aufgabe nicht mehr darin, die christlichen Dogmen mit den Forderungen der Vernunft in Einklang zu bringen, sondern verfolgt das Entstehen religiöser Vorstellungen historisch. Die Jurisprudenz vergißt während eines Menschenalters darauf, daß es ihre Aufgabe ist, die Formen zu finden, in welche concrete Forderungen des gesellschaftlichen Lebens gegossen werden sollen, und gibt sich vollständig dem Studium der Geschichte hin, und die moderne Nationalökonomie steckt, so weit sie überhaupt positive Leistungen aufzuweisen hat und sich nicht darauf beschränkt, alte Wahrheiten zu schematisiren oder gar bloß aufzuwärmen, ganz in Description und Historismus. Ja die einzige hoffnungsfreudige Bewegung unserer Tage, die socialistische, steht theoretisch ganz auf historischem Boden, haben doch die Begründer des deutschen wissenschaftlichen Socialismus im Kampfe mit den Epigonen der classischen Nationalökonomie mit als die Ersten auf die Entwickelung der Gesellschaft und den Unterschied zwischen den logischen und historischen Kategorien der Volkswirthschaft hingewiesen.

Mag man nun noch so sehr über die Zaghaftigkeit des geschichtlichen Relativismus überall dort, wo es zu handeln gilt, ungehalten sein, mag man auch dem flammenden Proteste, den Nietzsche gegen den Werth der Historie für das Leben erhoben hat, ein Maß von Berechtigung zuerkennen, daran kann nicht gezweifelt werden, daß es die Idee der geschichtlichen Entwickelung ist, die unserer modernen Wissenschaft die Signatur gibt, und daß sich die geschichtliche Betrachtung auf jedem Gebiete als fruchtbar erwiesen hat. Nirgends hat sie aber so revolutionirend gewirkt, wie in den Naturwissenschaften.

Hatte auf dem Gebiete der Astronomie seit Laplace die Anschauung der Stabilität der Idee der Entwickelung Platz gemacht, und in der Geologie seit Lyell die Ueberzeugung sich Bahn gebrochen, daß die Oberfläche unseres Planeten nicht das

Ergebnis revolutionärer Eruptionen, sogenannter Katastrophen, sondern einer gesetzmäßig sich vollziehenden Evolution ist, so ist nun seit Darwin auch auf dem Gebiete der organischen Welt der Gedanke der Entwickelung zur Herrschaft gelangt, nur daß er sich hier als noch fruchtbarer erweist als auf dem Gebiete der anorganischen. Denn, ganz abgesehen davon, daß die Entwickelungsperioden hier kürzere sind als dort, daß der Thierzüchter in verhältnißmäßig kurzer Zeit einen Erfolg seiner Thätigkeit sehen kann, daß sich also die Möglichkeit ergibt, die Richtigkeit des Entwickelungsgedankens gleichsam experimentell zu überprüfen, so handelt es sich hier zum Schlusse um uns selbst, um die Menschheit.

Die Idee der Entwickelung hat aber nicht bloß die Einzelwissenschaften bereichert, sondern auch den mächtigsten Einfluß auf unsere gesammte Weltanschauung ausgeübt. Noch der Teleologie des vorigen Jahrhunderts galt Alles als Zweckmaterial, sei es des Menschen, sei es des Schöpfers, der damit indirect dem Menschen die Allmacht der göttlichen Vorsehung vor Augen stellt. Und obwohl bereits Spinoza mit der Anschauung, daß Gott weder eines Zweckes willen da sei, noch um eines Zweckes willen handle, sondern daß der Zweckgedanke aus dem menschlichen Begehren hervorgehe, in die Teleologie eine Bresche gelegt hatte, so blieb es doch Darwin vorbehalten, mit ihr auf dem Gebiete des Naturerkennens gründlich aufzuräumen. Wenn nichts in der Welt feststehend, sondern Alles in beständiger Umbildung begriffen ist, und wenn dieser Umbildungsproceß dahin führt, das Lebensfähige und Passende zu erhalten, das Lebensunfähige und Unpassende aber auszumerzen, so ist die Welt, sofern sie uns zweckmäßig eingerichtet zu sein scheint, nicht unmittelbar aus der Hand eines nach bestimmten Zielen handelnden Schöpfers hervorgegangen, sondern causal zu begreifen. Damit stürzt die anthropomorphe Teleologie zusammen, und auch der Umstand, daß es der Darwinismus unerklärt läßt, von welchen Bedingungen die erste Entstehung der Eigenschaften abhängt, die sich im Kampfe ums Dasein als nützlich erweisen, wird sie nicht mehr zum Leben erwecken.

Angesichts des ebenso raschen wie großen Erfolges, den die sich mächtig entwickelnde Naturwissenschaft im Allgemeinen und die Darwin'sche Entwickelungslehre im Besonderen erzielt hat, kann es nicht wundernehmen, daß sich die Naturforscher bemühen, sich weitere Gebiete dienstbar zu machen und die Grenzen nach allen Richtungen zu überschreiten. Und so ist es denn in neuester Zeit die Gesellschaftswissenschaft, in der allgemeinsten Bedeutung des Wortes, die sich der unberufenen Einmischung der Naturwissenschaft zu erwehren hat. Nicht als ob ich die Bedeutung der Naturwissenschaft für die grundlegende Disciplin der Gesellschaftswissenschaft, die Psychologie, und speciell der Darwin'schen Lehre für unsere Wissenschaften herabsetzen oder gar zünftlerischen Tendenzen das Wort reden wollte. Nur dürfen wir verlangen, daß wer uns Rathschläge ertheilen will, sich wenigstens die wesentlichsten Voraussetzungen unserer Wissenschaft klar macht, nur dürfen wir verlangen, daß niemand aus dem Besitze einer Formel die Berechtigung ableiten zu können vermeint, den reichen Schatz an Erfahrung, der in unzähligen Denkmälern niedergelegt ist, als werthlos oder nicht vorhanden anzusehen. Denn als die Naturwissenschaft, noch kaum dem Gewande der Mythe entschlüpft, die ersten schüchternen Gehversuche machte, war der Mensch bereits nach allen Seiten zum Gegenstande des eingehendsten Studiums gemacht worden. Und wenn uns noch heute die griechischen Tragiker und Philo=

sophen nicht bloß lesenswerth, sondern fast modern erscheinen, so mag man daraus entnehmen, wie sehr die Kenntnis des menschlichen Fühlens und Wollens, des menschlichen Verhaltens in Gesellschaft und Staat vorgeschritten war. Denn wenn irgendwo das Wort Goethe's: „Alles Gescheidte ist schon gedacht worden, man muß nur versuchen, es noch einmal zu denken," seine Berechtigung hat, so ist es in der Gesellschaftswissenschaft.

Trotz allem müssen wir den Naturforschern dankbar sein, daß sie uns mannigfache Anregung bieten. Ja selbst den vollen Dilettanten ist ein gewisses Recht auf Dankbarkeit zuzuerkennen: beweist doch der Umstand, daß sich in einer Wissenschaft die Dilettanten tummeln, mehr als alles andere, daß sie für das menschliche Wohlbefinden von der höchsten Bedeutung ist.

Die Frage, um die es sich hier handelt, läßt sich kurz dahin zusammenfassen, inwiefern die Lehre von der auslesenden Wirkung des Kampfes ums Dasein auf den Culturmenschen Anwendung findet. Bedarf die heutige Menschheit des Kampfes ums Dasein zur Erhöhung oder auch nur zur Erhaltung ihres Culturniveaus, wie sie ihm die langsame Entwickelung aus niederen Formen verdankt, und lassen sich die Gesetze der Auslese, die ganz wesentlich der Betrachtung des Thier- und Pflanzenreiches entnommen sind, auf die Menschen übertragen?

Darwin spricht sich hierüber mit äußerster Vorsicht aus, was schon darin zum Ausdrucke gelangt, daß er in dem oft citirten fünften Capitel seines Werkes über die Abstammung des Menschen sich wesentlich darauf beschränkt, Bemerkungen von Greg, Wallace und Galton wiederzugeben. Dem genialen Blicke des Mannes war offenbar nicht entgangen, daß die Fragen, um die es sich handelt, von der Biologie allein nicht zu beantworten sind. Im Zusammenhange mit seiner Gesammtauffassung leitet er den Fortschritt von einer starken Vermehrung des Menschengeschlechtes ab; aber der Umstand, daß nicht den geistig und culturell hochstehenden Griechen die alte Welt zugefallen, und daß nicht die hochstehenden sondern die niedrigstehenden Rassen sich schneller vermehren, gibt ihm ebenso zu denken wie die mit den Fortschritten der Medicin Hand in Hand gehende Rassenverschlechterung. „Wir müssen uns daran erinnern," ruft er aus, „daß Fortschritt keine unabänderliche Regel ist." Daß dieser Ausspruch kein zufälliger, sondern ein wohl überlegter ist, kann man daraus entnehmen, daß Darwin auch sonst, wie uns Wallace berichtet, durchaus nicht hoffnungsvoll über die Zukunft des Menschengeschlechtes dachte.

Weder der Pessimismus noch die Vorsicht Darwin's wurde das Erbe der großen Masse von Naturforschern und Philosophen, die seinen Spuren folgend, sich mit der Frage der menschlichen Auslese durch den Kampf ums Dasein beschäftigt haben. Jäger und Schmidt, Spencer und Häckel, Kidd und Tille, Ammon und Ziegler u. A. m. haben die Darwin'sche Lehre auf den Culturmenschen übertragen; und wenn auch einzelne von ihnen Unsicherheit verrathen, ob man die an niedrig organisirten Lebewesen gewonnenen Erfahrungen ohneweiters auf den selbstbewußt und zweckmäßig handelnden, in wechselnden Gesellschaftsformen organisirten Menschen ausdehnen darf, so stimmen sie doch im Großen und Ganzen sowohl in den Ausgangspunkten wie in den praktischen Postulaten überein. Indem ihnen die Scheidung der Menschen in Stände und Classen als Product der durch den Kampf ums Dasein hervorgerufenen Auslese erscheint, lehnen sie jede Politik, die darauf hinausläuft, diese Unterschiede aufzuheben oder auch nur zu mildern, ab. Denn wenn der Kampf ums Dasein zu immer vollkommenerer menschlicher Auslese führt, wenn er der wichtigste, ja einzige Hebel des menschlichen Fortschrittes ist, so dürfen wir seine Wirkungen nicht paralysiren, wollen wir nicht die Bedingungen unserer Cultur in Frage stellen. Von diesem Gesichtspunkte aus stellen sich denn nicht nur Demokratie und Socialismus, sondern auch die mit beiden mehr oder minder nahe verwandte Socialreform als entschieden culturfeindlich dar. „Der grausame, schonungslose Kampf ums Dasein," sagt Häckel, „der überall in der lebendigen Natur wüthet und wüthen muß, diese unaufhörliche und unerbittliche Concurrenz alles Lebendigen ist eine unleugbare Thatsache; nur die auserlesene Minderzahl der bevorzugten Tüchtigen ist im Stande, diese Concurrenz glücklich zu bestehen, während die große Mehrzahl der Concurrenten nothwendig elend verderben muß! Man kann diese tragische Thatsache tief beklagen, aber man kann sie weder verleugnen noch ändern." „Und," sagt Häckel in demselben Zusammenhange, „will man dieser englischen Theorie eine bestimmte politische Tendenz beimessen — was allerdings möglich ist — so kann diese Tendenz nur eine aristokratische sein, durchaus keine demokratische und am wenigsten eine socialistische."

Bevor wir zur Kritik dieser Anschauungen übergehen und die Formen analysiren, in welchen der Kampf ums Dasein in der Culturwelt sich abspielt, ist eine Vorfrage zu erledigen. Es läßt sich nämlich immerhin bezweifeln, ob denn überhaupt die sociale Auslese durch Maßnahmen der Gesetzgebung und Verwaltung zu beeinflussen ist. Der heutige Mensch mit seinen physischen und psychischen Eigenschaften ist das Product eines Jahrtausende hindurch währenden Ausleseprocesses. Und wenn auch Darwin selbst die Angabe registrirt, daß die in Pariser

Gräbern aus dem 12. Jahrhundert gefundenen Schädel um 4 bis 5 % kleiner seien als die der Pariser Bevölkerung des 19. Jahrhunderts, so fügt er doch gleich bei, daß einige Schädel von sehr hohem Alter, wie z. B. der berühmte Neanderthalschädel, sehr gut entwickelt und geräumig seien.

Gegenüber solchen Zeiträumen treten die Perioden, auf die sich unser Erinnern und unsere Voraussicht erstreckt, vollständig in den Hintergrund. Selbst der weitausblickendste Staatsmann und die zielbewußteste Herrscherclasse denkt nicht weiter als auf ein, zwei Generationen voraus, und wer heute der Demokratisirung oder Socialisirung unserer Gesellschaft das Wort redet, kann vernünftigerweise nicht glauben, daß dies der Weisheit letzter Schluß sei. Gerade vom evolutionistischen Standpunkte aus wird man den Gedanken, daß die gesellschaftliche Entwickelung jemals zum völligen Abschlusse gelangen könnte, zurückweisen müssen. Bestimmte Gesellschaftsformen der Zukunft mögen durch große Zeiträume dem Bedürfnisse der Menschen entsprechen, wie etwa die Gentilverfassung oder die Feudalordnung durch Jahrhunderte dem Bedürfnisse entsprachen, aber unveränderlich bleibt nichts in der organischen Welt. Wie dem nun auch sei, unsere Ziele sind ungemein nahe ausgesteckt im Verhältnisse zu unserer Jahrtausende umfassenden Entwickelung, und wenn uns die Naturforscher in dem Streben, unseren Mitmenschen ein menschenwürdiges Dasein zu verschaffen, durch die Drohung mit der Entartung des Menschengeschlechtes wankend machen wollen, so hat es ganz den Anschein, als ob sie mit Kanonen auf Spatzen schießen wollten.

Dies gilt besonders von denjenigen Naturforschern, die sich der von Weismann modificirten Darwin'schen Lehre angeschlossen haben.

Weismann hat bekanntlich versucht, die Darwin'sche Lehre nach der Seite zu berichtigen, daß er die Vererbung erworbener Eigenschaften ausschließt. Schon vorher hatte Galton diese Theorie, die Darwin von Lamarck übernommen hatte, angegriffen; nur hatte sich Galton die Sache einigermaßen leicht gemacht. Sein Beweis gegen die Möglichkeit der Vererbung erworbener Eigenschaften ist nämlich ein rein mathematischer. Nimmt man an, sagt er, daß ein Kind nur ein Zehntel seines Wesens der individuellen Variation, die übrigen neun Zehntel aber seinen Eltern verdankt, so hat es immer ein gleiches Maß von Variation vorausgesetzt von seinen Großeltern nur $^9/_{100}$, von seinen Urgroßeltern nur $^{72}/_{1000}$, von seinen Ahnen nach fünfzig Generationen aber nur mehr $^1/_{5000}$ geerbt. Galton stellt sich also gleichsam vor, daß bei Erwerbung einer Eigenschaft ein Fremdkörper eindringt und einen Theil des Organismus ersetzt, nicht daß ein Organ sich seiner differenzirt und zu den bisherigen Functionen noch eine neue erhält.

Im Gegensatze hierzu bewegt sich der Angriff Weismann's ausschließlich auf biologischem Gebiete. Hatte Darwin in der Theorie von der sogenannten Pangenesis angenommen, daß zwischen den Körperzellen und Sexualzellen ein gewisser Zusammenhang bestehe, so daß Veränderungen in den Körperzellen auch die Sexualzellen beeinflußten, so leugnet Weismann diesen Zusammenhang. Keimprotoplasma und Körperprotoplasma führen nach ihm getrennte Conti. Von der wirksamen Substanz des Keimplasmas müsse stets ein Minimum unverändert bleiben. Dieser Rest bilde die Grundlage der Keimzellen des neuen Organismus. Die Keimzellen verschiedener Generationen verhielten sich wie eine Generationsfolge von Einzelligen, welche durch fortgesetzte Zweitheilung auseinander hervorgehen. Diese

seien das conservative Element, indem sie mit unglaublicher
Zähigkeit die einmal in ihnen liegenden Vererbungstendenzen
festhielten und vor allem alles abwiesen, was an Veränderungen
am Samen durch äußere Einwirkungen auftritt. Ein Fortschritt
sei unter solchen Umständen durch die Amphimixis, d. h. die
periodische Vermischung der Vererbungsanlagen je zweier Keimzellen möglich. Durch die bestimmte Combination gewisser hoch
entwickelter Geistesanlagen, die sich in jedem Gehirn finden,
entstünden Talente, deren Richtung sich aus der allgemeinen
Geistesrichtung der Zeit erklärten. Die Ursache der Variabilität
sei schon in den Keimzellen gegeben, mit diesen verborgenen
Anlagen operire dann die Naturzüchtung, auf die allein die
Artumwandlungen zurückzuführen seien.

Hätte Weismann an dieser seiner ursprünglichen Ansicht
festgehalten, so wäre damit zugleich der Entwickelung eine enge
Grenze gezogen gewesen. Der Fortschritt, der nach Weismann
überhaupt nur dadurch möglich ist, daß sich bei der zwei
geschlechtlichen Fortpflanzung die Vererbungstendenzen begegnen,
die zusammen eine günstige Combination ergeben, hätte seine
Grenze an der günstigsten Combination sämmtlicher vorhandenen
Vererbungstendenzen gefunden. Die Auslese hätte dann in
nichts anderem bestehen können als darin, einen stets größeren
Theil der gesammten Menschheit auf das Niveau dieser günstigsten Combination zu heben. War einmal dieses Niveau erreicht, so war bei der Unveränderlichkeit des Keimplasmas ein
weiterer Fortschritt ausgeschlossen.

In seinem späteren Werke hat nun Weismann seine
Ansicht dahin modificirt, daß durch Einflüsse der Ernährung
eine Aenderung der einzelnen Biophoren und Determinanten
des Keimplasmas stattfinden könne, die im weiteren Verlaufe

durch Amphimixis und Auslese zur Ursache einer Aenderung der Arten werden könne. Damit wäre allerdings die Möglichkeit eines weiteren Fortschrittes gegeben. Nach der einen oder der anderen Auffassung Weismann's müßte aber der Ausleseproceß sich außerordentlich langsam vollziehen, denn daß sich bei der Fortpflanzung die Vererbungstendenzen begegneten, die zusammen günstige Combinationen ergeben, wäre zum größten Theile eine Sache des Zufalles und durchaus nicht, wie Ammon annimmt, durch Fortpflanzung innerhalb einer und derselben höheren Gesellschaftsschichte oder, wie Wallace glaubt, durch größere Freiheit der Frau beim Eingehen einer Ehe garantirt. Denn selbst wenn die menschliche Fortpflanzung ausschließlich unter dem Gesichtspunkte rationeller Züchtung erfolgte, so wäre es gewiß in sehr vielen Fällen zweifelhaft, ob durch die Vereinigung zweier bestimmter Personen eine günstige Combination zweier Vererbungstendenzen gegeben wäre. Denn so einfach wie in dem Beispiele, das uns Galton gibt, liegen die Dinge nicht. Wir können ihm zwar darin zustimmen, daß sich ein fashionables Badeleben nicht in einem Fabriksorte entwickeln wird, während es ganz gut in dem Milieu eines Fischerdorfes bestehen kann, welche Eigenschaften aber die Eltern besitzen müssen, um begabte Kinder zu erzeugen, entzieht sich unserer Beurtheilung; dazu sind die Menschen zu complicirte Organismen. Es bliebe also die Combinirung günstiger Eigenschaften dem Zufalle überlassen. Je langwieriger aber der Entwickelungsproceß ist, desto weniger kann die Auslese im Weismann'schen Sinne für uns in Betracht kommen, so daß nicht recht einzusehen ist, warum gerade die Schüler Weismann's die Entwickelungslehre gegen Demokratie und Socialismus ins Feld führen.

Nun muß ich aber mit all der Bescheidenheit und Zurückhaltung, die einem Laien, der sich gern besser belehren läßt, einem der geistvollsten und kenntnisreichsten Forscher der Jetztzeit gegenüber geziemt, gestehen, daß mich die Ausführungen Weismann's durchaus nicht überzeugt haben. Für vollkommen gelungen halte ich nur die Beweisführung, daß sich Verletzungen nicht vererben, und desgleichen die Behauptung, daß sich vieles aus der Naturzüchtung erklären läßt, was bisher auf die Vererbung erworbener Eigenschaften zurückgeführt wurde. Daraus folgt aber natürlich noch gar nicht, daß eine Vererbung erworbener Eigenschaften nicht stattfindet. Denn was die Verletzungen betrifft, die dem Körper von außen, contra naturam, zugefügt werden, so fallen sie mit den Eigenschaften und Fähigkeiten, die er organisch erwirbt, gewiß nicht zusammen. Sodann bleibt es aber im Einzelfalle noch immer zweifelhaft, ob eine Aenderung der Art durch Naturzüchtung oder durch Vererbung erworbener Eigenschaften eingetreten ist. Hier steht eben dann Hypothese gegen Hypothese.

Demgegenüber scheint mir aber die Weismann'sche Theorie, und zwar insbesondere in ihrer ursprünglichen Fassung, die Rückbildungen, die nach Darwin einfach eine Folge des Nichtgebrauches der betreffenden Organe sind, nicht ausreichend zu erklären. Das dürfte denn auch Weismann selbst gefühlt haben, indem er gerade auf die Erklärung dieser Erscheinungen besondere Sorgfalt verwendet. Nach ihm ist die Rückbildung einerseits das Product einer gewissen Oekonomie in der Natur und andererseits der sogenannten Panmixie, der regellosen Combination der Keimzellen bei zweigeschlechtlicher Fortpflanzung. Die Natur verfahre wirthschaftlich, indem sie überflüssige Theile, die keine Bedeutung für die Erhaltung der Art besitzen, zu

Gunsten anderer eliminire. So sei das Auge des Grottenmolches zu Gunsten einer schärferen Ausbildung der Gehörs-, Geruchs- und Tastnerven degenerirt, so würden auch wir nicht so intelligent sein, wenn wir nicht dafür körperliche Vorzüge unserer Ahnen eingebüßt hätten. Der Fortschritt auf der einen Seite bedinge den Rückschritt auf der anderen. Auf diese angebliche Oeconomie der Natur mag denn allenfalls die Blindheit des Grottenmolches zurückgeführt werden, bei den Menschen und den Hausthieren kann sie keine Rolle spielen. Ich halte es für durchaus unbewiesen, daß mit der Zunahme menschlicher Intelligenz naturnothwendig der Verlust physischer Eigenschaften eintreten muß. Wenn beide Erscheinungen oft gleichzeitig auftreten, ist ihr Causalzusammenhang damit noch keineswegs gegeben. Ja die hohe körperliche Ausbildung der geistig regsamsten Classen bei Völkern, die, wie die Engländer, großen Werth auf Hygiene und Sport legen, scheint mir ziemlich entschieden dagegen zu sprechen. Der Grund kann vielleicht der sein, daß bei der überreichlichen Ernährung, wenigstens der obersten Schichten, der Culturvölker die Veranlassung besonderer Oeconomie im Haushalte des Organismus hinwegfällt. Und was von den Menschen gilt, gilt im Großen und Ganzen von den Hausthieren. Darum kann auch die oft citirte Flügellahmheit der Hausente nicht anders als aus dem Nichtgebrauche erklärt werden. Denn einerseits ist auch die Hausente so genährt, daß sie den ganzen Organismus erhalten kann, und dann fällt vor allem die Nothwendigkeit hinweg, andere Körpertheile, z. B. die Beine auf Kosten der Flügel, zu entwickeln, da der Kampf ums Dasein, den die Hausente zu führen hat, eine starke Ausbildung der Beine durchaus nicht begünstigt.

Auch die Panmixie, auf die sich Weismann stützt, scheint mir durchaus nicht alles zu erklären. So soll nach Weismann die

Kurzsichtigkeit des Culturmenschen nicht aus der Ueberanstrengung hervorgehen und sodann vererbt werden, sondern vielmehr eine Folge davon sein, daß das Auge längst der erhaltenden Controle der Naturzüchtung entzogen wurde. Aber wie erklärt die Panmixie die Thatsache, daß in ein und derselben Schule die Kurzsichtigkeit der Schüler mit dem Aufsteigen in höhere Classen wächst, ja daß die höheren Schichten der städtischen Bevölkerung kurzsichtiger sind als die niedrigeren und diese wieder kurzsichtiger als die Landbewohner, obwohl sich die städtische Bevölkerung zum Theile aus der Landbevölkerung ergänzt und obwohl ein scharfes Auge ganz in der gleichen Weise für die große Masse der Stadt- und Landbevölkerung jede Bedeutung für den Kampf ums Dasein verloren hat? Ueberhaupt scheint es mir einen Widerspruch in sich zu schließen, wenn Weismann das Rudimentärwerden der Organe auf Panmixie zurückführen will. Denn, wenn es wahr ist, daß die Keimzellen äußerst conservativ sind, so ist wie dem Fortschritte, so auch dem Rückschritte eine enge Grenze gezogen.

Wenn ich hier auf die Weismann'sche Theorie näher eingegangen bin, so geschah es nicht deshalb, weil sie heute den größten Einfluß auf die Biologie übt, sondern weil sie, wie bereits erwähnt, auch von der größten Wichtigkeit für die Frage ist, ob der Kampf ums Dasein bei den Culturmenschen zu einer Auslese führt. Wäre die Weismann'sche Auffassung richtig, so vollzögen sich, um die eigenen Worte des Gelehrten zu gebrauchen, „die Veränderungen des Organismus in kleinsten Schritten", so daß sie für unsere zeitlich so eng begrenzten politischen und socialen Bestrebungen gar nicht weiter in Betracht kämen. Bloß wenn man der Meinung ist, daß Weismann die Darwin'sche Lehre nicht erschüttert hat, und daß sich insbesondere erworbene Eigenschaften vererben, wird man der Lehre von einer im Kampfe ums Dasein sich vollziehenden menschlichen Auslese eine gewisse Bedeutung zuschreiben können.

In der ganzen Thierwelt tobt ein beständiger Kampf, und durch die Stille der Natur dringt der Angstruf des Verfolgten und der Klageruf des Unterliegenden. Und doch werden wir uns hüten müssen, jeden dieser Kämpfe für einen direct zur Auslese führenden Kampf ums Dasein im Sinne Darwin's zu halten. So ist es, es mag noch so paradox klingen, kein Act im sogenannten Daseinskampfe, wenn der Wolf ein Schaf zerfleischt. Denn ganz abgesehen davon, daß ja das Schaf und seine näheren und entfernteren Verwandten dem Wolfe durchaus das Dasein nicht streitig machen wollen, so würde ein endgiltiger Sieg des Wolfsgeschlechtes über das Pflanzenfressergeschlecht zugleich auch seinen eigenen Untergang, wenigstens in seiner Eigenschaft als Raubthiergeschlecht bedeuten. Auch zu einer Auslese gibt dieser Kampf zwischen Wolf und Schaf nur indirect Anlaß. Gewiß, je zahlreicher die Wölfe werden, desto mehr werden ihnen in der Schafheerde die mit den schwächsten Sinnesorganen und schwächsten Muskeln versehenen Thiere zum Opfer fallen; und umgekehrt, je vorsichtiger und schneller die Schafe sind, desto mehr werden die untüchtigeren Wölfe zum Hungern und zum Tode verurtheilt werden. Aber dieser Ausleseproceß vollzieht sich nicht zwischen Wolf und Schaf sondern zwischen Schaf und Schaf einerseits und Wolf und Wolf andererseits, wobei der Umstand, daß das Schaf dem Wolfe zur Nahrung dient, nur als ein für den Ausleseproceß nebensächliches Moment erscheint. Der Kampf ums Dasein, den Schaf und Wolf zu führen haben, ist wie jeder Kampf ums Dasein ein beständiger Krieg mit zwei Fronten. Er richtet sich einerseits gegen die äußere Natur, die hemmend und fördernd in die Existenz der Art eingreift, und andererseits gegen alle jene, welche zu gleicher Zeit aus dem Nahrungsmittelvorrathe schöpfen wollen. Als Kampf an der Futterkrippe wird er um so heftiger geführt, je ähnlicher die Organisation der Mitbewerber ist. Der Kampf ums Dasein in höchster Form ist ein Bruderkrieg.

Dies erklärt die sonst auffallende Thatsache, daß nahe verwandte Arten nur selten nebeneinander vorkommen. So wimmelt es überall von Primeln, aber die Primula veris wächst vorwiegend auf Wiesen, die Primula vulgaris in Wäldern, und an ein und derselben Stelle trifft man beide nur sehr selten. So hat die einjährige Kornrade alle anderen Nelken arten an die Flußufer verdrängt und allein in den Getreide böden das Feld behauptet. Es gehört hierher, daß Darwin auf einer Rasenfläche von einem Quadratmeter nicht weniger als zwanzig Pflanzenarten gefunden hat, die achtzehn verschiedenen Geschlechtern und acht natürlichen Ordnungen angehörten, ein Umstand, der ihre gänzlich verschiedene Organisation beweist. Damit ist zugleich auch erklärt, warum der praktische Landwirth verschiedene Gras- und Kleearten aussät, um eine gute Gras narbe zu erhalten, und warum solche Wiesen mit gemischtem Bestande den höchsten Heuertrag geben. Denn für die Angehörigen verschiedener Arten ist der Nahrungsmittelspielraum ein relativ weiterer, weil ihre verschiedene Organisation ver= schiedene Nährstoffe erfordert.

Ist nun das Ziel der Individuen und der einzelnen Arten zunächst dieses, die günstigsten Lebensbedingungen für sich aus= zunützen, und liegen ihnen aggressive Tendenzen gegen die Nach= barn fern, wird also der Kampf ums Dasein indirect geführt, so sind Zusammenstöße der Mitbewerber nicht häufig, und Blut mag nur in den seltensten Fällen, etwa im Kampfe der Raubthiere um die Beute oder der Nebenbuhler bei polygamen Thierarten, fließen. Trotzdem wird man dem Kampfe ums Dasein die Attribute des „Unerbittlichen" und „Grausamen", die ihm die Naturwissenschaft beigelegt hat, nicht absprechen dürfen, denn das Ziel des Kampfes ist immer die Ausschließung des Mitbewerbers oder seiner Nachkommenschaft vom Tische der Natur. Die Lichtung im Walde, die bereits von dem beflügelten Samen der Birke bedeckt ist, kann später von einer anderen Baumgattung nicht mehr mit Beschlag belegt werden, weil eben an der Stelle, wo nur für einen Baum Platz ist, nicht zwei wachsen können. Und das Gebäude, in dem einmal die Wanderratte festen Fuß gefaßt hat, ist für die angestammte Hausratte verloren, mag der Proceß der Verdrängung auch durch allerlei Nebenumstände verzögert werden. Der Kampf ums Dasein trägt also, um mich der treffenden Terminologie von Effertz zu bedienen, durchaus den Charakter eines Vernichtungskampfes.

Und wer ist der Sieger in diesem Kampfe; wer bleibt nach Beseitigung des Gegners Herr des Feldes? Derjenige, dessen Organismus den gegebenen Verhältnissen am meisten angepaßt war. Der Passendste ist aber, und das müssen wir uns für die Folge merken, durchaus nicht der am meisten Differenzirte oder gar der, nach dem Maßstabe menschlicher Ethik gemessen, Höchststehende. Wenn ich nicht irre, so war es Huxley, der zuerst gegen die anthropomorphe Deutung der Darwin'schen Lehre zu Felde gezogen ist. Wenn unser Erdball immer mehr erkaltet, so werden schließlich selbst am Aequator solche Temperaturverhältnisse herrschen, wie heute am Nordpol. Bei dieser zunehmenden Erkaltung der Erde wird sich die niedrig organisirte Flora des Nordens in der Richtung gegen den Aequator ausbreiten. In dem Kampfe ums Dasein werden nicht bloß die prächtigen Palmen und Bananen, sondern auch die Pflanzen der gemäßigten Zone dem isländischen Moose, als dem unter den gegebenen Verhältnissen Stärkeren, weichen müssen. Und wenn wir unseren Ausführungen vorgreifen und den weiten Sprung vom isländischen Moose zum Culturmenschen machen dürfen, so müssen wir darauf hinweisen, daß auch er keineswegs immer der Sieger im Daseinskampfe ist. In den Tropen wird er das Opfer des gelben Fiebers oder anderer Krankheiten und unterliegt daher im Kampfe ums Dasein dem Neger oder Malayen, die psychisch und zum Theile auch physisch tief unter ihm stehen.

Und was vom Kampfe ums Dasein gilt, gilt auch von der Concurrenz der einzelnen wirthschaftlichen Betriebsformen, die öfter mit jenem verglichen wurde. Auch im Concurrenzkampfe siegt durchaus nicht immer der technisch am höchsten stehende Betrieb. Durch niedrige Löhne, lange Arbeitszeit und Ersparnisse am Gebäudecapital und an den Kosten der Arbeiterversicherung bleibt die Hausindustrie nicht bloß concurrenzfähig, sondern vermag sogar der Fabriksindustrie Boden abzugraben. Und Aehnliches gilt auch in der Landwirthschaft. Hier ist in der Regel der Betrieb des Parcellenbesitzers, der mit dem Spaten gräbt und dessen Arbeitstag von ungemessener Länge ist, außerordentlich lebensfähig und ganz im Stande, den technisch überlegenen Mittel- und Großbetrieb zu verdrängen.

Neben diesem eigentlichen Kampfe ums Dasein gibt es nun in der Natur Kämpfe und Verhältnisse, die ich nach Effertz als Beherrschungskämpfe, beziehungsweise Beherrschungsverhältnisse bezeichnen möchte. Ihr Ziel ist nicht die Beseitigung sondern die dauernde Nutzbarmachung des Gegners für die eigenen Zwecke oder die der Art. Hierher gehören die Abhängigkeitsverhältnisse, in welche die Ameisen andere Thiere zu setzen wissen. Es ist bekannt, daß die Blattläuse von den Ameisen als Melkkühe benützt werden, ja daß die Arten der sogenannten Amazonenameise sogar auf Sklavenjagd ausgehen und die ganze Arbeit von den erbeuteten Sklaven verrichten lassen. Bei diesen Arten ist die Uebung Sklaven zu halten, so sehr eingewurzelt, daß die ungeflügelten Ameisen die Arbeit vollständig verlernt haben und ohne die Sklaven einfach verhungern müßten.

Auch beim Menschen gabelt sich der Kampf in einen Kampf gegen die Natur und einen gegen die Mitlebenden und dieser letztere in den Vernichtungs- und Beherrschungskampf. Es ist ein Kampf gegen die Natur, wenn der Mensch mit seiner Heerde sich vor Ueberschwemmungen auf Hügel rettet, wenn er sich und das Seine durch Hausbau vor den Unbilden der Witterung schützt, wenn er gräbt und pflügt, pflanzt und jätet. Es ist ein Kampf gegen die Mitbewerber, wenn er das Raubthier tödtet, wenn er das Jagdgebiet oder das Weideland occupirt und den Eindringling abwehrt. Kommt es nun zum offenen Kampfe, so gehört die Beute dem Sieger. Er nimmt Besitz und kann den Besiegten vernichten. Er thut dies aber nicht immer. Auf gewissen Culturstufen begnügt er sich damit, den Besiegten abhängig zu machen und aus seiner Abhängigkeit Vortheile zu ziehen. Dabei kann das Abhängigkeitsverhältnis alle möglichen Formen annehmen. Von der Sklaverei und der Tributpflicht bis zur Zusicherung des Rechtes der Meistbegünstigung in den Zoll- und Handelsverträgen oder gar des Rechtes, mit dem nationalen Capital eine Anleihe des Besiegten vermitteln und eine Eisenbahn in dessen Land bauen zu dürfen, ist ein weiter Abstand; im Principe drückt sich in dem einen wie in dem anderen, in der Sklaverei und in der Tributpflicht wie in den Begünstigungen auf handelspolitischem und finanziellem Gebiete doch nur das Verhältnis des Siegers zum Besiegten aus. So gibt es denn auch unter den Menschen, wie in der übrigen Natur, zahllose Vernichtungs- und Beherrschungskämpfe, und es liegt nahe, einen vollen Parallelismus des menschlichen und thierischen Ausleseprocesses anzunehmen. Und doch bleibt ein solcher Vergleich an der Oberfläche haften. Denn wer genauer zusieht, dem kann es nicht entgehen, daß zwei Momente dem menschlichen Ausleseprocesse einen völlig anderen Charakter verleihen als dem Ausleseprocesse in der übrigen organischen Welt: Die gesellige Natur des Menschen und seine die Thierwelt thurmhoch überragende geistige Begabung.

Die große Masse der höheren Thiere, die, wenn auch entfernt, mit dem Menschen verglichen werden können, lebt einzeln oder in kleineren Gruppen, die sich entsprechend der Jahreszeit und den Vorgängen auf sexuellem Gebiete auflösen und neu bilden. Bloß einige wenige Arten leben in Schwärmen, die an menschliche Gemeinwesen erinnern. In Wirklichkeit hat aber die neuere Forschung erwiesen, daß der Zusammenhang der einzelnen Individuen des Bienenstockes oder Ameisenhaufens ein sehr loser ist, und daß man sowohl die Intelligenz wie die socialen Instincte beider Thierarten weit überschätzt hat. Dem gegenüber ist der Mensch ein sociales Wesen, nicht etwa in dem Sinne als ob er sich in Gesellschaft wohler befände als ohne sie, als ob es ihm frei stünde, sie aufzusuchen oder zu meiden, sondern er ist ein sociales Wesen, weil er schlechterdings ohne Gesellschaft nicht leben kann. So ist denn auch die Gesellschaft nicht entstanden, weil es den Individuen nützlich schien, sich zu vereinigen, sondern die Geburtsstunde des Menschen war die der Gesellschaft. Das mit hohem Intellect ausgestattete Individuum, mit dem die Philosophie und Nationalökonomie der Aufklärungsperiode argumentirte, war ein Kind der Fiction. Ja noch mehr, die scharfe Scheidung der Individualitäten ist nichts anderes als das Product einer langen Entwickelung. Je tiefer eine Rasse, ein Volk oder eine Classe in der Cultur steht, desto gleichförmiger sind die Angehörigen in Denkfähigkeit und Denkrichtung, ja sogar in der äußeren Erscheinung. Erst die höheren und höchsten Entwickelungsstufen zeigen uns Charakterköpfe mit markanten Zügen, und wir müssen Herbert Spencer in dieser Richtung vollkommen beistimmen, wenn er aus der Geschichte die Entwickelungstendenz zum Individualismus ablesen zu können glaubt.

Die gesellige Natur gestaltet den Kampf ums Dasein beim Menschengeschlechte zu einem sehr complicirten, denn während das Thier den Kampf mit der Natur und mit den Mitbewerbern in der Regel als Einzelwesen führt, pflegt der Mensch nicht nur als Individuum sondern auch als Glied der verschiedensten socialen Gruppen auf den Kampfplatz zu treten, und so nimmt der Kampf neben dem Charakter eines individuellen, auch den eines collectiven an. Je differenzirter eine Gesellschaft, in desto mannigfacheren Formen erscheint dieser collective Kampf ums Dasein. Nationalität und Religion, Stand und Classe, Landsmannschaft und Gemeindeangehörigkeit führen ebenso Menschen zum gemeinsamen Kampfe zusammen, wie gemeinsame Erwerbsinteressen und gemeinsames ästhetisches Empfinden. Ja selbst die größte und festeste Organisation, der Staat, führt den Kampf um seine Existenz, und zwar nicht bloß mit den Nachbarstaaten, sondern auch gegen alle Gefahren, die ihm von innen, aus der Schwierigkeit erwachsen, Menschen mit den verschiedensten Neigungen und

Leidenschaften zusammenzuschließen, und Ziele, die über den
Gesichtskreis des Individuums hinaus liegen, zu verfolgen.
Denn jede Vereinigung legt dem Individuum Schranken in der
Verfolgung seiner Interessen auf. Der individuelle Kampf ums
Dasein muß sich den Bedingungen, an die der collective Kampf
geknüpft ist, unterordnen, er findet seine Grenze an der Soli-
darität. Denn noch nie hat eine Gesellschaft bestehen und sich
gedeihlich entwickeln können, wenn ihre Mitglieder nicht vom
Geiste der Solidarität erfüllt waren, und wenn dieser nicht der
Willkür des Individuums in Sitte und Recht Schranken ge-
zogen hatte. Und dieses Bewußtsein der Solidarität ist von
rechtlicher und materieller Gleichheit unabhängig, es beseelt den
Häuptling wie den Clangenossen, den patriarchalischen Monarchen
wie den gehorsamen Unterthanen, den Feudalherrn wie den
Hintersassen, und nicht der Stratege Blücher und der Stratege
Radetzky, sondern der Vater Blücher und der Vater Ra-
detzky waren die siegreichen Feldherren. Umgekehrt waren alle
Staaten, in denen die Stände und Classen nicht durch das
Gefühl der Zusammengehörigkeit verbunden waren, die leichte
Beute des Siegers. Nichts anderes als der Umstand, daß die
strenge Sonderung in Kasten ein gemeinsames Empfinden
nicht aufkommen ließ, erklärt den Umstand, warum Indien und
Aegypten die Fremdherrschaft nicht los werden, und warum sich
noch heute beide Länder von einer Hand voll Engländer regieren
lassen.

Nicht als ob die Menschen in ihrem Solidaritätsgefühle
nicht fehlgreifen könnten. Eine gereifte Erkenntnis lehrt uns,
daß die unorganisirte Wohlthätigkeit häufig nur zu einer Ver-
schwendung der Mittel führt, ohne das Uebel wesentlich zu
bessern, daß Härte unter Umständen besser angebracht ist als

Milde, ja daß überhaupt die genaue Durchführung des Grundsatzes christlicher Nächstenliebe mit höherer Cultur unverträglich ist. Und doch verräth es ein feines Verständnis für die Psychologie des Menschen, wenn Schopenhauer das ethische Empfinden des Menschen dem Mitleide entspringen läßt. Denn was immer die wissenschaftliche Ethik als Richtschnur geben mag, unmittelbar verständlich bleibt dem Durchschnittsmenschen nur das Verhältnis von Mensch zu Mensch, und der kleine tägliche Verkehr ist die große Schule, in der er seinen Egoismus bekämpfen und unter ein höheres Gesetz beugen lernt.

Aber nicht bloß für die Form des Daseinskampfes, auch für die Entwickelung kommt die gesellige Natur des Menschen in Betracht. Denn während im Thierreiche nur dasjenige von erworbenen Fähigkeiten und Eigenschaften erhalten bleibt, was sich im Verlaufe der Generationen auf die Nachkommen vererbt, sind die Errungenschaften menschlicher Cultur von dem Leben des culturfördernden Individuums unabhängig. Ob wirklich in dem denkenden Menschen das ganze Volk denkt, ob er also nur das willenlose Werkzeug einer höheren Einheit ist, oder nicht, darüber kann kein Zweifel sein, daß das Product seiner Beobachtung und seines Nachdenkens durch die Mittheilung an Zeitgenossen und Nachkommen ein selbstständiges, von dem Beobachtenden und Denkenden losgetrenntes Dasein führt. Wir brauchen weder Kant noch Goethe aus unserer Culturgeschichte zu streichen, weil Ersterer Junggeselle war, und weil die Enkel des Letzteren keine Kinder hinterlassen haben. Denn was diese beiden und was die sonstigen Geistesheroen für die Cultur geleistet haben, ist ein Besitz der Menschheit geworden, der nur vermehrt werden, aber nie mehr verloren gehen kann. So danken wir denn der Gesellschaft unsere rasch anwachsende Cultur, aber auch unsere wachsende Abhängigkeit. Denn je höher die Culturstufe ist, auf der wir uns befinden, einen um so breiteren Raum nehmen in unserem Leben Nachahmung und Unterricht ein. Während das Thier ruhig seinem Instincte folgt und nur wenige Fertigkeiten durch die Nachahmung der Mutter zu erwerben braucht, müssen wir uns mit dem Bildungsschatze zweier Jahrtausende rüsten. Und wenn wir auch an der Hand eines vernünftigen Unterrichtssystems in verhältnismäßig kurzer Zeit alle Stadien der geistigen Entwickelung durchlaufen können, ähnlich wie wir nach Häckel als Embryonen die ganze physische Entwickelung des Menschen kurz wiederholen, so kann doch unsere begrenzte Lebenszeit zu dem stetig anwachsenden Bildungsschatze in ein Mißverhältnis treten. Darum darf uns der Blick auf das mit dem Gewichte eines großen Vermögens sich gleichsam von selbst vermehrende Erbe nicht darüber hinwegtäuschen, daß die biologische Evolution des Menschengeschlechtes nicht stille stehen darf. Nur ein starkes Geschlecht wird den Schatz heben und fruchtbar zu machen wissen, ein schwaches kann unter seiner Last erliegen. Denn auch an das Menschengeschlecht einer fernen Zukunft wird man das ethische Postulat stellen dürfen: „Was Du ererbt von Deinen Vätern hast, erwirb' es, um es zu besitzen."

Von diesem Standpunkte aus werden wir denn auch eine Auffassung für unrichtig halten müssen, die nicht nur zu einem Schlagworte geführt hat, sondern auch von ernsten Forschern getheilt wird. Man sagt nämlich, das wünschenswerthe Ziel der Entwickelung sei die Cultur, wobei man unter Cultur die objectiv gewordenen Schöpfungen der Culturvölker versteht. Man stellt also nicht den Menschen, sondern seine Geistesproducte in den

Vordergrund. Als ob der Cultur eine selbstständige Bedeutung zukäme, als ob sie losgelöst von der Menschheit gedacht werden könnte. Nicht die Culturschätze, sondern der Mensch, der sich an den Schöpfungen der Vorfahren bildet und auf Grund seiner Bildung sich und seine Nachkommen auf eine höhere Stufe zu heben sucht, steht im Vordergrunde des Interesses. Und wenn man häufig den Ausspruch hört, das Volk der Griechen sei untergegangen, es habe uns aber seine Cultur hinterlassen, so liegt darin nicht Befriedigung, sondern Trost für das Unglück ausgedrückt, daß das hochbegabte Volk nicht mehr besteht. Es entspricht vollkommen dem Entwickelungsgedanken, wenn Lessing das Streben nach Wahrheit der Wahrheit vorzieht und der sterbende Faust den Augenblick für den schönsten hält, wo auf Grund seiner Schöpfungen ein Gemeinwesen freiwirkender Menschen entsteht. Nicht die Culturschätze sondern der Mensch als Culturträger ist der Gegenstand der Entwickelung und unseres Interesses. Wäre dem nicht so, so käme man zu der Ungereimtheit, den Zeitpunkt, in dem das Menschengeschlecht wegen Erkaltung der Erde ausgestorben sein würde, für den höchsten der Entwickelung zu halten, weil er zugleich derjenige wäre, in dem die Culturschätze naturgemäß ihren größten Umfang erreicht haben müßten.

Die Durchführung des Vergleiches zwischen thierischem und menschlichem Daseinskampf scheitert aber nicht bloß an der geselligen Natur des Menschen, also nicht bloß daran, daß die Empfindung der Solidarität und das Bestehen der Gesellschaftsordnung den individuellen Kämpfen Grenzen setzen, sondern vor allem auch an der Unterschätzung der geistigen Fähigkeiten des menschlichen Geschlechtes. Denn mag man immerhin die Verwandtschaft zwischen den Menschen und den höheren Thieren sonst für eine ziemlich nahe halten, darüber kann kein Zweifel herrschen, daß zwischen den geistigen Fähigkeiten beider ein nicht zu überbrückender Abgrund gähnt. Nur der Mensch besitzt Selbstbewußtsein, nur der Mensch vermag sich selbst zum Objecte seiner Vorstellung zu machen. Und während das Thier sich nicht über den sinnlichen Eindruck erheben kann und nur dem Augenblicke lebt, ist er im Stande durch logisches Denken die Welt causal zu begreifen und fern liegende Ziele zu verfolgen. So steht er der Natur freier gegenüber, wie das Thier, als ein Wesen, das sie zu unterwerfen und zu zwingen vermag, kein angestammter Herrscher von Gottes Gnaden, sondern ein Besieger aus eigener Machtvollkommenheit.

Indem der Mensch die Natur dienstbar macht und die Zukunft ins Auge faßt, kann er allein ein Gleichgewicht zwischen Vorrath und Bedarf herstellen. Wahre Sparsamkeit ist ebenso auf ihn beschränkt wie eine Erhebung über das physiologische Existenzminimum. Und während die ganze Thierwelt sich hart an der Grenze der Noth bewegt, und während jedes ungünstige Ereignis, wie Ueberschwemmung und starker Schneefall, sie auf Jahre hinaus decimiren kann, bringt jeder Culturfortschritt eine neue Waffe, um die Existenz des Menschen zu sichern.

Nur einen Tropfen Wermuth haben die Götter dem schäumenden Becher der Freude beigemischt — die Möglichkeit der Entartung. Zwar sind Degenerationserscheinungen weder der Thier- noch der Pflanzenwelt fremd. Die Rudimente am Thierkörper sind das Ergebnis einer Degeneration in Folge langen Nichtgebrauches einst voll entwickelter Organe, und jede Alpenwanderung zeigt uns, wie Pflanzen derselben Art unter ungünstigeren klimatischen Verhältnissen verkümmern und verkrüppeln. Aber immer ist die Degeneration eine Folge der Noth, einer geringeren Blutcirculation in den degenerirenden Organen, einer geringen Wärmezufuhr bei den Pflanzen des Hochgebirges. Die Degeneration aus Ueberfluß ist eine specifisch menschliche Erscheinung. Sie ist bei Thieren ausgeschlossen, zunächst weil diese dauernden Ueberfluß nicht kennen. Denn selbst wenn eine Thierart durch einen glücklichen Zufall mit Nahrung reichlich versehen würde, so würde der Ueberfluß bei der außerordentlich großen Vermehrungsfähigkeit der Thiere rasch beseitigt werden. Der wirklich in geometrischer Progression stattfindenden Vermehrung stünde, um auf das bekannte Bild von Malthus hinzuweisen, nicht einmal eine in arithmetischer Progression sich mehrende Nahrungsmenge, sondern günstigsten Falles, wegen der Verwüstungen aus Uebermuth, durch Zusammentreten u. s. w., eine stabile gegenüber. Eine Degeneration aus Ueberfluß ist aber auch deshalb auf die Menschheit beschränkt, weil sie immer vorerst eine sittliche ist. Denn wo wir in der Geschichte dem Verfalle eines Volkes oder einer Classe begegnen, da war es nie schon der Ueberfluß an sich, der die Volkszahl verminderte und die Volkskraft entnervte, sondern immer erst der im Gefolge des Ueberflusses sich einstellende sittliche Verfall. Und die Gefahr eines solchen sittlichen Verfalles wird in dem Maße drohender, je mehr das Nachlassen der Spannung zwischen Bedarf und Befriedigung die ganze menschliche Energie herabzusetzen droht. Wehe der Classe und wehe der Nation, denen in solchen Perioden der Behaglichkeit die Ideale mangeln, die sie zu vermehrter Thätigkeit anspornen. Sie sind unrettbar dem Untergange geweiht, mögen sie auf eine noch so rühmliche Vergangenheit zurückblicken. Auch der Untergang der alten Welt war eine Folge der sittlichen Degeneration der herrschenden Classen. Sie mußte den Untergang der gesellschaftlichen und staatlichen Organisation nach sich ziehen, da bei der tiefen Kluft zwischen Freien und Sklaven, Reichen und Armen die Möglichkeit eines Verjüngungsprocesses von unten her ausgeschlossen war.

Und damit sind wir bei dem wesentlichsten Punkte angelangt, worin sich die übrige organische Welt von der Menschheit unterscheidet. Indem der Mensch sich selbst zum Objecte seines Denkens setzen kann, indem er sich über seine Stellung in der Natur Rechenschaft zu geben und diese causal zu begreifen vermag, ist er in der Lage, auf die Evolution selbst Einfluß zu nehmen. Und so wird nicht bloß die Entwickelung der Thier- und Pflanzenarten, sondern auch die Entwickelung des genus „Mensch" selbst in Abhängigkeit vom menschlichen Willen gebracht. Nicht als ob dadurch der streng causale Verlauf der Welt aufgehoben würde. Denn auch der menschliche Wille ist causal bestimmt. Indem aber unter seinen Motiven die Rücksicht auf menschliches Wohl die größte Rolle spielt, enthält der causale Verlauf ein teleologisches Element. Wie ein Lichtstrahl, der durch eine Linse fällt, abgelenkt wird, so wird der causale Verlauf der Welt, so weit er die Sphäre menschlichen Handelns berührt, mitbestimmt durch die Rücksichtnahme auf menschliche Zwecke. „Denn in dem Zwecke," sagt Jhering, „steckt der Mensch, die Menschheit, die Geschichte." Wenn daher die Naturwissenschaft vermeint, die teleologische Anschauungsweise vollständig beseitigt zu haben, so ist sie im Irrthum. Ihr Sieg war dort entschieden, wo der naive Glaube die Ereignisse dem Walten einer anthropomorphen Gottheit zuschrieb, wo also die Vorstellung menschlichen Handelns auf ein dem Menschen unzugängliches Gebiet übertragen wurde. Auf dem Gebiete menschlicher Thätigkeit bleibt der Auffassung der Zweckmäßigkeit ihr volles Recht, und jede Wissenschaft, die sich mit menschlichem Handeln beschäftigt, muß ihr Rechnung tragen. Darauf beruht es denn auch, daß die Methode der Geisteswissenschaften ihr eigenes Gepräge hat, und daß die Vertreter der Geisteswissenschaften die Uebertragung der naturwissenschaftlichen Methode auf diese ebenso höflich wie entschieden ablehnen.

Die Zweckmäßigkeit in den menschlichen Handlungen äußert sich nun nicht bloß darin, daß sich der Mensch Ziele setzt, die über das Alltagsleben hinausreichen, sondern auch in der Wahl der Mittel, die zum Ziele führen sollen. Denn ein und dasselbe Ziel der Entwickelung läßt sich durch zweckbewußtes Eingreifen der Menschen weit schneller und mit weit geringerem Aufwande von Mitteln erreichen als ohne dieses. Ein Beispiel soll das klar machen. Bekanntlich hat die neuere Forschung erwiesen, daß die Tuberculose beim Rindvieh sehr stark verbreitet ist, und daß sie wegen der Zunahme der Stallfütterung sich immer mehr ausdehnt. Würde nun diese unhygienische Stallfütterung aufgelassen und das Vieh wieder auf die Weide getrieben, so müßte die Tuberculose mit der Zeit aufhören. Unter den Kälbern hätten die von gesunden Eltern stammenden mehr Aussicht, den Unbilden der Witterung zu trotzen als die Nachkommen kranker Eltern, und so würde im Laufe einiger Generationen der Siebeprozeß immer weniger Thiere mit krankhafter Anlage übrig lassen. Demgegenüber kann ein rationeller Viehzüchter, vorausgesetzt daß sich die Tuberculose der Thiere überhaupt unzweifelhaft feststellen läßt, schon in einer Generation die Krankheit ausmerzen, sei es, daß er die tuberculosen Thiere zur Paarung überhaupt nicht zuläßt, sei es, daß er ihre Kälber dem Fleischhauer übergibt und so eine Vererbung krankhafter Anlagen verhindert. Aber nicht bloß schneller, auch ökonomischer ist dieses Ziel erreicht worden. Es ist erreicht worden, ohne daß zahlreiche Stücke verendet sind, und ohne daß das auf ihre Aufzucht und Erhaltung verwendete Futter vergendet wurde. Ganz abgesehen davon, daß die Menge des tuberculosen Fleisches und der tuberculosen Milch, die in den Consum der Menschen übergehen, in diesem Falle eine weit geringere wäre als im ersteren. Und was von der Tilgung der Rindertuberculose gilt, gilt von jedem anderen Zwecke künstlicher Züchtung. Während die natürliche Züchtung ungezählte Jahrhunderte zur Herausbildung der bestehenden Arten gebraucht hat, benöthigt der englische Taubenzüchter zur Bildung einer Rasse wenige Jahre, ja er ist seines Erfolges so sicher, daß er genau den Zeitpunkt bestimmen zu können glaubt, wann er sein Ziel erreicht haben wird. Es ist daher gewiß kein Zufall, daß Darwin in seinem epochemachenden Werke, über die Entstehung der Arten, von der künstlichen Züchtung ausgeht, und daß er zur Stützung seiner Hypothese der natürlichen Zuchtwahl überall auf die reichen Erfahrungen der englischen Thierzüchter zurückgreift.

Und sollte man angesichts der ebenso raschen wie glänzenden Erfolge auf dem Gebiete der Thier- und Pflanzenzucht darauf verzichten wollen, auch den Entwickelungsproceß der Menschheit durch zweckmäßiges Eingreifen zu beschleunigen? Gewiß nicht. Es war lange vor Darwin, als Robert Owen an die Spitze seines Erziehungssystemes den classischen Satz stellte, es sei besser gut zu erziehen als gut zu strafen. Und seither hat der übrigens nicht völlig neue Grundsatz, daß die Prävention der Repression vorzuziehen sei, sich immer mehr zur Anerkennung durchgerungen. Die Werthschätzung unserer Volksschule entspringt ebenso dieser Auffassung, wie die Anerkennung, die heute der Hygiene wird, ja selbst die Millionenheere der Gegenwart finden eine gewisse Berechtigung darin, daß mit ihrem Wachsen die Kriege seltener geworden sind, daß sich also der Grundsatz: si vis pacem, para bellum, wenigstens in neuester Zeit bewahrheitet hat.

Wir nehmen uns aber nicht bloß die Freiheit, die natürliche Entwickelung zu unterstützen, wir stehen ihr auch kritisch gegenüber und setzen ihr Ziele, die sie ohne unser Zuthun nicht erreichen würde. Die Rassen unserer Hausthiere bestünden ebenso wenig wie die Arten unserer Culturpflanzen ohne menschliches Einwirken, und die Oberfläche der Erde hätte ohne dieses ein ganz anderes Aussehen. Und was von der Thier- und Pflanzenwelt gilt, gilt auch vom Menschengeschlechte. Es ist daher gewiß kein bloßer Zufall, daß in dem Volke, welches allgemein als das bedeutendste der Weltgeschichte gilt — in dem hellenischen — die Vorstellung einer systematischen Zucht hervorragender menschlicher Eigenschaften durchaus lebendig war. Zwar sollte das System von Züchtung körperlicher Vorzüge, das am folgerichtigsten in Sparta durchgeführt war, einseitig der Hebung kriegerischer Tüchtigkeit dienen. Aber Plato und Aristoteles sind ebenfalls davon überzeugt, daß es Aufgabe der Politik sei, das Niveau des menschlichen Typus zu heben. Und wenn auch Aristoteles nicht so weit geht, der Idee künstlicher Züchtung einer Aristokratie, Familie und Eigenthum zum Opfer bringen zu wollen, so tritt er doch auf das Entschiedenste dafür ein, daß Kinder nur von Leuten im kräftigsten Alter gezeugt werden dürfen, und daß krüppelhafte Kinder zu tödten seien.

Wie die Entwickelung der Außenwelt, so messen wir also auch die eigene Entwickelung an dem Maßstabe der Zweckmäßigkeit und unseres ethischen Ideals. Und gerade so wenig wie wir daraus, daß etwas besteht, schon den Schluß ziehen, daß es auch vernünftig sei, gerade so wenig sind wir geneigt, jedes Product der Entwickelung schon an sich für gut und unabänderlich zu halten. Wir erinnern uns, daß nach Huxley auch im Pflanzenreiche der Sieg des Passendsten nicht zugleich den des Höchstorganisirten bedeutet, ja daß nach Darwin selbst Entwickelung und Fortschritt durchaus keine synonymen Begriffe sind.

Sollen wir aber auf den Fortschritt verzichten, bloß um uns in der Richtung des blinden Waltens der Natur zu entwickeln? Ich glaube die Frage stellen, heißt zugleich sie beantworten. Dies umsomehr, als wir auch sonst bei jedem Schritte auf Schranken stoßen, die im ethischen Interesse im Laufe der Jahrhunderte gezogen wurden. Daß Mord und Todtschlag heute Verbrechen sind, ist ebenso ein Eingriff in den menschlichen Daseinskampf, wie daß der Concurrent durch Fälschung der Qualität einer Waare nicht siegreich sein darf. Ja das Princip, den Kampf ums Dasein im ethischen Interesse zu regeln, ist von so zwingender Logik, daß es selbst dort nach Anerkennung ringt, wo eine Zwangsgemeinschaft gar nicht vorhanden ist, wo es also eigentlich an materieller Macht gebricht, es durchzusetzen. Das Verbot, sich im Kriege gewisser Sprengstoffe und Waffen zu bedienen, das Verbot, Spitäler oder Krankentransporte zu beschießen, kurz alles, was sich an den Namen der Genfer Convention knüpft, ist nichts anderes als der Versuch, die Greuel des Krieges im Sinne der Ethik zu mildern. Und die Postulate der Ethik haben sich als so mächtig erwiesen, daß selbst in den mit größter Erbitterung geführten Kämpfen Verletzungen der Genfer Convention zu den Seltenheiten gehören.

Also nicht so sehr um das Princip handelt es sich, als um seine Durchführung im concreten Einzelfalle, und da gehen denn die Meinungen natürlich weit auseinander. Nach dieser Richtung ist es außerordentlich bezeichnend, daß sich der ganze

Streit heute fast nur um einen Punkt bewegt. Weil die deutsche Socialdemokratie in äußerst einseitiger Weise — inwiefern es taktisch richtig ist, gehört nicht hierher — von allen menschlichen Kämpfen nur den Classenkampf ins Auge faßt, und weil ihr Ziel auf Beseitigung der Classen gerichtet ist, geht das Bestreben der Naturforscher dahin, das Bestehen der Gesellschaftsclassen als Ergebnis eines Ausleseprocesses zu rechtfertigen. Denn es sind nach ihnen in der Regel die Tüchtigsten, die im Kampfe obsiegen und durch die Concurrenz in die obersten Stellungen gehoben werden.

Dabei wurde in neuester Zeit dieses Aufsteigen in eine höhere Classe gewissermaßen als Folge von Rasseneigenthümlichkeiten aufgefaßt. So hat insbesondere Ammon nach dem Vorbilde des Franzosen Lapouge die Behauptung aufgestellt, daß sich der dolichocephale Bestandtheil im deutschen Volke in weit höherem Maße an dem Aufsteigen in die oberen Schichten betheilige als der brachycephale, und daraus weitgehende Schlüsse gezogen. Ich für meinen Theil kann, so dankenswerth die Anregung ist, die Anthropologie zur Erklärung socialer Thatsachen heranzuziehen, die Frage des Zusammenfallens von Classen- und Rassenzugehörigkeit innerhalb der heutigen Culturvölker nicht für spruchreif halten. Es unterliegt wohl keinem Zweifel, daß unsere Culturvölker das Ergebnis eines Mischungsprocesses verschiedenartiger Stämme sind, die zueinander im Verhältnisse von Herrschern und Beherrschten standen. Ob es aber der herrschenden Rasse gelungen ist, sich im Großen und Ganzen an der Herrschaft zu erhalten, und inwieweit sie im Laufe der Zeit mit Elementen durchsetzt wurde, die aus den unteren Schichten hervorgegangen sind, entzieht sich unserer Beurtheilung. Ich glaube, daß Schmoller die Bedeutung der Arbeitstheilung überschätzt, wenn er sie als wesentlichste Ursache der Classenbildung auffaßt. Es gibt aber immerhin zu denken, wenn, wie er bemerkt, von hundert Namen indischer Kasten siebenundsiebzig auf Berufsthätigkeit, siebzehn auf Stammnamen, drei auf geographischen und zwei auf religiösen Ursprung hinweisen. Für unsere Culturvölker werden erst eingehende anthropologische Aufnahmen der gesammten Bevölkerung den Schlüssel zur Beurtheilung der Frage des Zusammenfallens von Rasse und Classe geben.

Wie dem aber auch sein möge, das Aufsteigen in eine höhere sociale Stellung ist nicht ohneweiters ein Zeichen objectiver Tüchtigkeit. Denn gerade so wie im Kampfe ums Dasein nicht der dem Menschheitsideale am nächsten Stehende, sondern der unter den gegebenen Umständen Passendste obsiegt, gerade so erfolgt auch das Aufsteigen in eine höhere sociale Stellung nicht bloß auf Grund ethisch tadelloser Eigenschaften. Rücksichtslose Verfolgung des eigenen Vortheils und Schlauheit bieten unter Umständen größere Bürgschaft des Erfolges als Altruismus und wirkliche geistige Begabung, und somit liegt in der Behauptung der Socialisten, in der heutigen Gesellschaft erfolge förmlich eine Auslese auf Grund von schlechten Eigenschaften, ein Kern von Wahrheit. Auf keinen Fall aber findet diese niedrige Bewerthung der Eigenschaften der emporstrebenden Elemente eine Entkräftigung durch den Ausspruch eines amerikanischen Nationalökonomen, der es als einen Fortschritt verkündet, daß an Stelle der alten männlichen Ideale ein vollkommeneres Ideal getreten sei, das des Mannes, der sich sein Vermögen macht.

Die Classenzugehörigkeit ist übrigens, wie dies namentlich auch Bücher gegen Schmoller betont hat, in der Regel überhaupt nicht das Ergebnis individueller Eigenschaften sondern des Erbrechtes. Gerade in die höchsten und einflußreichsten socialen Schichten der regierenden Familien und des Hochadels findet ein Aufsteigen begünstigter Individuen nur selten statt, in der Regel wird man sozusagen in die Classe hineingeboren und kann vermöge des Schutzes durch allerlei Rechtsinstitute, wie Fideicommisse, nur schwer aus ihr herausfallen. Nicht ganz das Gleiche gilt von dem Besitze eines größeren Vermögens. In die Classe der Hochbegüterten findet ein beständiges Aufsteigen statt, ebenso wie umgekehrt beständig die Nachkommen reicher Vorfahren verarmen. Von vorneherein besitzen aber auch die Kinder des Reichthums ein Privilegium vor den übrigen Menschenkindern, und der Concurrenzkampf zwischen ihnen und der übrigen Menschheit gleicht in der That dem Wettlaufe eines in einem Eisenbahnzuge Sitzenden mit einem Fußgänger. Es ist daher nur consequent, wenn Männer, die dem Socialismus so fern stehen wie Büchner und Tille ausschließlich vom Standpunkte der Selection aus eine Beseitigung des Erbrechtes auf ihre Fahne schreiben.

Trotz alledem hieße es doch das Kind mit dem Bade ausschütten, wollte man das Erringen einer höheren Stellung nur als Product des Egoismus, der Streberei und anderer unedlen Eigenschaften auffassen. Auch in der heutigen Gesellschaftsordnung erringt man in der Mehrzahl der Fälle nichts, ohne ein gewisses Maß von Energie, Selbstbeherrschung, Fleiß und Klugheit bethätigt zu haben. Und das gilt sogar in gewissen Maße von der Vererbung begünstigter gesellschaftlicher Stellungen. Es gehört allerdings wenig Geschick dazu, ein großes Vermögen zu erben. Eine Familie aber, die sich durch Generationen hindurch in der bevorzugten Stellung zu behaupten vermag, liefert immerhin den Beweis einer gewissen intellectuellen, ja auch sittlichen Tüchtigkeit, denn jede günstigere Stellung bringt, wie schon erwähnt, die Gefahr der Entartung mit sich, und daß diese nicht gering zu achten ist, mag man daraus entnehmen, daß es keineswegs allen begünstigten Familien gelingt, sich dauernd oben zu erhalten, sondern daß die Stellung der Ahnen sehr häufig von den Nachkommen mit dem Herabsinken in das Lumpenproletariat oder mit dem Aussterben bezahlt wird. Es hieße also in der That der Wahrheit vor den Kopf stoßen, wollte man die Bedeutung des Patriciates als einer Art von Ausleseproduct leugnen.

Nicht hierin liegt also der Hauptirrthum der Naturforscher und aller jener, die sich auf denselben Kampfboden gestellt haben, er liegt vielmehr darin zu übersehen, daß die Classen gar nicht das Product eines Kampfes ums Dasein im Sinne Darwin's, sondern eines Kampfes um die bevorzugte Stellung sind, wie dies Lange zuerst genannt hat. Daraus ergibt sich aber die wichtige Schlußfolgerung, daß die Classenbildung gar nicht zu einer Auslese im biologischen Sinne führen könnte, selbst wenn sie nur das Product individueller Tüchtigkeit wäre. Denn während der Sieger im Vernichtungskampfe den Besiegten vertilgt und seine kräftigere Art an dessen Stelle setzt, läßt der Sieger im Beherrschungskampfe den Besiegten nicht bloß bestehen, sondern er hat sogar das Interesse, ihn absolut und relativ zahlreich zu machen. In welcher Weise dies geschieht, ob durch eigene Vorsicht im Abschlusse von Ehen und in der Erzeugung von Kindern oder durch Heranziehen von fremden Elementen, die sich freiwillig oder unfreiwillig der Herrschaft der Minderheit unterwerfen, in jedem Falle bedeutet der Proceß biologisch keine Auslese. Ja er kann sogar eine Verschlechterung der Durchschnittsrasse und eine Herabdrückung des Culturniveaus mit sich bringen, insofern die niedere Rasse rascher anwächst als die herrschende und die Gefahr vorliegt, daß nicht die höher cultivirten Elemente, sondern die Masse das Milieu bestimmt, in dem das neue Geschlecht heranwächst. Als der amerikanische Ansiedler die Indianer im Vernichtungskampfe vor sich hertrieb, bedeutete jeder Sieg der weißen Rasse auch biologisch einen Erfolg. Die Beherrschung der Negersklaven hingegen hat den Süden der Vereinigten Staaten für unabsehbare Zeit den Schwarzen ausgeliefert und für das ganze amerikanische Staatswesen eine Frage ernstester Bedeutung heraufbeschworen. Und was die Neger für Nordamerika geworden sind, das können mutatis mutandis die Völker Osteuropas für die Völker des Westens und die Chinesen für die ganze Welt der kaukasischen Rasse werden, wenn diese nicht ihre Nationalität und Cultur vor der Gefahr, die in dem Heranziehen von Menschenmassen mit niedriger Lebenshaltung liegt, rechtzeitig zu schützen wissen. Denn Rasse und Cultur erhalten sich nicht von selbst auf hohem Niveau, sondern sind Kunstproducte.

Für die biologische Auslese der Individuen kommt also die Classenbildung nicht in Betracht. Damit ist allerdings noch nicht gesagt, daß sie für den Kampf ums Dasein der ganzen Gesellschaftsgruppe gleichgiltig wäre. Je größer ein Organismus wird, eine desto entwickeltere Arbeitstheilung setzt er voraus. Bietet nun das Bestehen von Classen eine Gewähr, eine Zahl von Individuen zur Erfüllung der höheren und höchsten Gesellschaftsfunctionen besser zu befähigen, als es sonst der Fall wäre, so werden wir die Classenbildung als einen für die Erhaltung und Entwickelung der Gesellschaft förderlichen Proceß betrachten müssen. Nun lehrt in der That die Erfahrung, daß die einzelnen Gesellschaftsclassen um so häufiger Talente hervorbringen, je höher sie sind. So hat der Schweizer Naturforscher Decandolle berechnet, daß von allen auswärtigen Mitgliedern der französischen Akademie in den letzten zweihundert Jahren 41 Procent aus den höchsten Classen, 52 Procent aus der Mittelclasse und nur 7 Procent aus dem Stande der Arbeiter und Bauern stammten. Zu ähnlichem Ergebnisse gelangt ein Forscher der jüngsten Zeigt, Odin, der seine Untersuchungen auf 6384 Personen, die zwischen 1300 und 1830 auf dem Boden des französischen Sprachgebietes geboren wurden und sich im weiteren Sinne des Wortes literarisch bethätigten, ausgedehnt hat. Während aber Galton, Decandolle und Lapouge die ungeheure Ueberlegenheit der höheren Classen in der Hervorbringung von Talenten einfach der Vererbung zuschreiben, ist Odin geneigt, sie auf den Einfluß des Milieus, also der Erziehung und der sonstigen Wirkungen günstigerer Vermögensverhältnisse zurückzuführen. Ein strenger Beweis wird sich weder für die eine noch für die andere Auffassung führen lassen, weil eben bei der großen Mehrzahl der hervorragenden Männer nie wird festgestellt werden können, wie viel sie der Abstammung und wie viel sie der Erziehung verdanken. Wir bewegen uns hier auf einem Gebiete, wo die Wissenschaft dem Glauben, der einer bestimmten Weltanschauung entspringt, Platz machen muß. Der aristotratischen Auffassung der Welt entspricht der Glaube an den Einfluß der Vererbung, der demokratischen der Glaube an die Bedeutung des sogenannten Milieus.

Wie dem aber auch sein möge, so werden wir doch der Classenbildung einen Einfluß auf die gesellschaftliche Entwickelung zuschreiben müssen, denn weder die Berufsthätigkeit noch die Erziehung und das Einkommen werden in absehbarer Zeit so nivellirt werden, daß die Bedingungen der Mitbewerbung für

Alle die gleichen sind. Es werden also die höheren Classen insofern eine Bedeutung haben, als ihr Bestehen die Möglichkeit bietet, daß ein Theil der jüngeren Generation in einem überdurchschnittlich hohen Niveau aufwächst. Nur werden wir an das Bestehen der Classen, und zwar gerade im Interesse der Auslese, zwei Postulate knüpfen müssen. Wir werden verlangen müssen, daß das Aufsteigen in eine höhere Classe, so weit als möglich, an den Besitz ethisch billigenswerther Eigenschaften geknüpft werde, und wir werden weiter verlangen müssen, daß die Classen weniger schroff voneinander geschieden sind, als dies heute der Fall ist.

Es sollen die Hindernisse, die sich dem Aufsteigen tüchtiger Elemente in höhere Classen in den Weg stellen, beseitigt werden, nicht etwa deshalb, weil, wie man früher annahm, in der Möglichkeit des Aufsteigens die Lösung der socialen Frage läge, sondern weil sie zum Sporn individueller Anstrengung wird, und weil sich mit dem Aufsteigen ein socialer Differenzirungsproceß vollzieht, der der Gesammtheit zugute kommt. Der Classenunterschied soll aber auch ferner kein bedeutender sein, weil hohe Differenzirung einfach zur Degeneration und zum Aussterben der obersten Schichten der Gesellschaft aus socialen Gründen führt.

Es ist ganz folgerichtig, daß Ammon von den Prämissen ausgehend, daß die Classenzugehörigkeit ein ziemlich genauer Ausdruck individueller Tüchtigkeit sei, daß die oberen Classen immer aussterben, und daß sich erworbene Eigenschaften nicht vererben, zu sehr pessimistischen Schlüssen für die Zukunft gelangt. Weniger begreiflich ist es, wie Ploetz ganz richtig bemerkt, daß er sich damit abfindet und gar nicht den Versuch macht, durch eine Aenderung in den wirthschaftlichen Verhältnissen diesem, für die menschliche Rasse höchst verderblichen Processe eine Ende zu bereiten. In Wirklichkeit liegt die Sache nicht so schlimm, wie sie Ammon scheint, weil eben Tüchtigkeit und Classenzugehörigkeit keine synonymen Begriffe sind, und weil anzunehmen ist, daß in allen Schichten des Volkes der Ausleseproceß beständig in Wirksamkeit ist. Die Thatsache aber, daß die obersten Schichten der Gesellschaftspyramide beständig absterben, bleibt bestehen, nur daß sie weder, wie Spencer meint, mit einer angeblich in Folge geistiger Thätigkeit eintretenden Unfruchtbarkeit in Verbindung gebracht, noch auch, wie Galton annimmt, als eine Art Züchtungsergebnis aufgefaßt werden darf. Wenn wirklich, wie jüngst die Tagesblätter berichteten, unter fünfundvierzig der reichsten Familien New-Yorks bloß vier mit zusammen zwölf Kindern gesegnet sein sollten, so ist es schwer, an andere als rein sociale Ursachen dieser Kinderlosigkeit zu denken, und zwar schon deshalb, weil in diesen Familien die Neigung herrschen soll, Geburtsaristokraten und Künstlerinnen zu heiraten, eine strenge Inzucht also nicht besteht. An und für sich bedenklich, müßte dieses Absterben der obersten Schichten geradezu den Untergang der Rasse bedeuten, wenn wirklich Garantien vorhanden wären, daß nur den Tüchtigsten ein Aufsteigen in höhere sociale Schichten ermöglicht würde.

Vom Standpunkte der Biologie ist also das Bestehen großer Classenunterschiede schädlich, ohne daß der Schaden durch anderweitigen Nutzen, so insbesondere durch solchen für die sociale Entwickelung wettgemacht würde. Denn daß großer Reichthum erforderlich wäre, um einem Theile der heranwachsenden Jugend jene überdurchschnittlich gute Erziehung zukommen zu lassen, die ihn ganz vorwiegend zu führenden Stellungen im Staate oder innerhalb des geistigen Lebens der Nation befähigt, möchte schwer zu erweisen sein. Die Geschichte spricht nicht dafür, da die Perioden großen nationalen Reichthums und hoher Classendifferenzirung durchaus nicht immer mit den Perioden glänzender politischer Leistungen und hohen geistigen Schaffens zusammenzufallen pflegen.

Noch weniger bedarf es aber der großen Differenzirung, um einen Sporn auf die arbeitenden Individuen auszuüben. Denn wie Simmel, offenbar in Anlehnung an das Weber-Fechner'sche Gesetz, richtig bemerkt, können weit geringfügigere Unterschiede des Seins und Habens dieselben psychologischen und sonstigen Wirkungen hervorrufen, wie heute die viel größeren. Dazu bedarf es nicht einmal des Ausblickes in die Zukunft. Auch heute sehen wir, daß in Schichten, in denen ein Aufsteigen in eine höhere sociale Classe nahezu ausgeschlossen ist, wie im Arbeiter- oder Beamtenstande, schon die Aussicht auf höheren Verdienst, geringe Beförderung oder Auszeichnung zum höchsten Anspornen der Kräfte führt. Die Geschichte des Alterthums liefert uns vollends eine Fülle von Beispielen dafür, daß geringfügige Entlohnung der höheren und höchsten Staatsdiener sich durchaus mit höchster Leistung verträgt. Athen war diplomatisch nicht schlechter vertreten als irgend ein moderner europäischer Großstaat, als Demosthenes und Aeschines mit anderen Athenern zu Philipp von Macedonien geschickt, nur die Bezahlung von Infanteriesoldaten erhielten. Und weder die Umsicht der Führer, noch die Disciplin der Mannschaft litt darunter, daß Xenophon nach dem berühmten Rückzuge der Zehntausend den vierfachen und seine Officiere gar nur den doppelten Sold des gemeinen Soldaten bekamen. Auch Rom unterwarf sich das ganze Mittelmeerbecken mit einem Heere, in dem der Centurio nur den doppelten Lohn des gemeinen Soldaten bezog. Erst nach dem Triumvirat und in der Kaiserzeit trat eine weitgehende Differenzirung im Einkommen von Officieren und Mannschaft ein: die Geschichte lehrt nicht, daß dadurch die Schlagfertigkeit des Heeres wesentlich vergrößert worden wäre.

Die Gesellschaftsclassen sind somit, um das Gesagte nochmals kurz zusammenzufassen, kein Ergebnis des Kampfes ums Dasein im Sinne Darwin's. Denn wo ein Kampf ums Dasein stattfindet, muß das Ende die Vernichtung des einen oder des anderen Theiles, des minderangepaßten sein. Will man also in der Classenbildung eine gewisse Auslese sehen, so ist diese ganz anderer Art als die biologische Auslese, welche die Naturforscher ausschließlich im Auge haben. Vom rein biologischen Standpunkte ist die Classenbildung indifferent. Solange die Gentilverfassung herrschte, gab es keine Gesellschaftsclassen, ohne daß dadurch die menschliche Auslese beeinträchtigt worden wäre. Nur so weit die Classen das Ergebnis gesellschaftlicher Arbeitstheilung sind, also den Kampf des collectiven Verbandes erleichtern, haben sie Existenzberechtigung. Das Bestehen und die Zusammensetzung der Gesellschaftsclassen ist somit einfach eine Frage gesellschaftlicher Zweckmäßigkeit, und es unterliegt keinem Anstande, in die Bildung und den Bestand dieser Classen ebenso einzugreifen, wie in alles andere, was die Entwickelung des Einzelnen oder der Gesellschaft beeinflußt.

Es war ein Irrthum, die Classen als ein Ergebnis des Kampfes ums Dasein aufzufassen, wie es ein Irrthum war, die Vorstellungen, die man von diesem Kampfe ums Dasein im Thier- und Pflanzenreiche gewonnen hatte, ohneweiters auf die Menschheit zu übertragen. Denn die gesellige Natur des Menschen und seine geistige Begabung schaffen Voraussetzungen, die im Thierreiche fehlen. Neben dem Kampfe der Individuen herrscht beim Menschengeschlechte der collective Kampf, und damit findet jener seine Schranke dort, wo im Interesse der höheren Einheit Zusammenwirken nöthig ist. Im Einzelfalle diese Grenze zu finden, also zu bestimmen, wie weit die Freiheit des Individuums beschränkt werden darf, ohne zugleich die stets vom Einzelindividuum ausgehende Initiative zu gefährden und damit die elementaren Kräfte menschlichen Fortschrittes zu lähmen, ist ebenso Sache der Socialpolitik wie die positive Aufgabe, der Entwickelung bestimmte Ziele zu setzen, und diese mit dem geringsten Aufwande an Mitteln erreichen zu helfen. Denn auch die menschliche Entwickelung, und zwar sowohl die des Individuums wie die der Gesellschaft, steht unter dem Einflusse menschlichen Willens. Es genügt nicht, die Dinge laufen zu lassen, wir müssen uns in jedem Zeitpunkte darüber Rechenschaft ablegen, wohin wir treiben, und im Strome der Entwickelung unserem Ziele zusteuern: einer Gemeinschaft geistig und körperlich hochstehender Menschen.

In dieser zweckbewußten Leitung der Entwickelung ist nun naturgemäß der Thätigkeit des Individuums nur ein kleiner Spielraum gelassen. Sittliches Empfinden mag das Individuum zurückhalten, sich im Kampfe ums Dasein gewisser Waffen zu bedienen, und klare Einsicht in die menschliche Entwickelung mag ihm Ziele stecken, denen es nachzustreben hätte; für die menschliche Art kommt dieses Empfinden und zielbewußte Handeln nicht in Betracht, so lange es vereinzelt ist. Nur der Collectivwille kann den Kampf der Einzelnen im Interesse der Gruppe wirksam beschränken, nur er kann der weiteren Entwickelung den ihm von der Erkenntnis vorgezeichneten Weg weisen. Was ist aber der Collectivwille, wie kommt er zu Stande? Ist er der Wille aller Individuen der ganzen Gruppe, also einschließlich der heranwachsenden Jugend? Oder genügt zum Vorhandensein des Collectivwillens bloß die Vereinigung der erwachsenen Männer? Wie dann aber, wenn einzelne dieser Männer anderer Meinung sind?

Diese Fragen, die sich leicht vermehren ließen, führen uns mitten in den Streit, ob die Gesellschaft bloß die Summe aller Individuen ist, oder eigene Lebensfunctionen besitzt, die nicht mit denen der Individuen zusammenfallen. Die Gegenwart neigt der zweiten Auffassung zu, und man nennt die Gesellschaft gern einen Organismus, ohne daß aber damit völlige Klarheit erreicht wäre. Denn darüber, inwieweit eine Analogie zwischen der Gesellschaft und dem Organismus der höheren Thiere besteht, gehen die Meinungen weit auseinander. Selbst Spencer, der nach dem Beispiele Comte's die Idee eines Parallelismus ergriffen und durchgeführt hat, steht vor der Thatsache, daß die Individuen, die den Zellen des thierischen Organismus entsprechen würden, nicht bloß selbstständige und belebte, sondern auch denkende und mit eigenem Willen begabte Wesen sind. Wie also ein Bewußtsein und ein Wille der Gesellschaft zu Stande kommen könne, ist ihm durchaus unklar. Aber auch Barth weiß sich nicht anders zu helfen, als daß er den Willen der Gesellschaft mit dem der Individuen zusammenfallen läßt.

Es ist in der That nicht zu leugnen, daß es Empfindungen und Willensäußerungen collectiver Natur gibt. Dieses collective Empfinden und collective Wollen tritt am stärksten hervor angesichts großer Vorgänge im socialen Leben. In Kriegen, bei Unglücksfällen größerer Bedeutung, bei Epidemien sehen wir die ganze Bevölkerung von derselben Empfindung beseelt und in derselben Richtung handelnd. Niemand, der sich ausschlöße oder sich doch wenigstens öffentlich zu einer anderen Auffassung zu bekennen wagte. Und zwar liegt das Wesen der collectiven Willensäußerung nicht allein in der Uebereinstimmung der Individualwillen, sondern vor allem darin, daß das Denken und Handeln bestimmt und gelenkt wird durch die Rücksicht auf die Interessen der Gesammtheit. Weniger sichtbar tritt das collective Bewußtsein in ruhigen Zeiten hervor. Aber es schläft nie völlig. Wie der Luftzug nicht den ganzen Baum zu erschüttern vermag, sondern bloß die Blätter und das fein differenzirte Geäste der Krone bewegt, so werden die Massen von den Vorgängen des Alltags nicht berührt, geschweige denn, daß sie diese Vorgänge mit dem Gemeinwohl in Beziehung bringen. Nur die leicht erregbaren und ethisch höchst stehenden Elemente der Gesellschaft bleiben die Träger collectiven Bewußtseins.

Je häufiger diese Perioden des herabgesetzten Collectivbewußtseins eintreten, und je länger sie dauern, desto mehr erweist sich auch das sittliche Empfinden als unzureichender Regulator der Gesellschaft. Der Eigenwille des Individuums, der sich den mit elementarer Gewalt auftretenden Aeußerungen des Gesammtwillens fügte, leistet dem sanften Drucke Widerstand und muß mit stärkeren Mitteln in Schranken gehalten werden, durch die Zwangsnormen des Rechtes. Der sittliche Fortschritt vollzieht sich also nicht so sehr darin, daß das Gewissen aller Einzelindividuen empfindlicher gemacht wird, sondern daß das Empfinden der ethisch höchststehenden Schichten in der Gesetzgebung zum Ausdrucke gelangt. Gewiß, die Gesetzgebung ist an sich nicht immer ein Mittel zu sittlichem Zwecke noch auch der Ausdruck der Sittlichkeit. Sie ist eine Waffe, die oft gedient hat, Gewaltverhältnisse zu sanctioniren und zu verlängern, und an ihr klebt der Fluch der Sklaven und der Jammer der Unterdrückten. Die Gesetzgebung ist aber so wenig einseitig das Werkzeug der Classenpolitik, wie der Staat einseitig nur Classenstaat ist. Denn so lange es Classenherrschaft gibt, hat die herrschende Classe stets neben ihren eigenen, ein gutes Stück collectiver Interessen vertreten. Wäre dem nicht so gewesen, so hätten sich die Staaten nicht durch Jahrhunderte und Jahrtausende erhalten können. Und so kann es sich denn auch in der praktischen Politik stets nur darum handeln, die Classeninteressen immer mehr hinter die Interessen der Gesammtheit treten zu lassen. Es ist in aller trüben Zeit ein Trost, daß die großen Errungenschaften der Menschheit nicht leicht verloren gehen können, und daß es sich in den meisten Fällen nur um einen Stillstand, nicht aber um einen Rückschritt handelt.

Gesetzgeber ist aber der Staat oder eine andere Zwangsgemeinschaft. Und damit sind wir zu der wichtigen Erkenntniß gelangt, daß eine Analogie zwischen der Gesellschaft und einem thierischen oder menschlichen Organismus nur besteht, wo die erstere durch Zwangsgesetze zusammengehalten wird. Nur im Staate oder in anderen Zwangsgemeinschaften ist der Zusammenhang der einzelnen Theile ein so fester wie im animalischen Körper, nur im Staate und in ähnlichen Zwangsgemeinschaften sind Organe vorhanden, die dem Centralnervensysteme entsprechen, welches für alle Theile des Organismus empfindet und denkt. Nur die Zwangsgemeinschaft kann den individuellen Kampf ums Dasein im Interesse des collectiven beschränken, nur die Zwangsgemeinschaft kann in Folge ihres centralen Organes sich Ziele der Entwickelung setzen und diese mit nachdrücklich wirkenden Mitteln anzustreben suchen. Damit ist natürlich nicht gesagt, daß diese Organe ideal functioniren, daß sie stets die richtigen Ziele setzen und die richtigen Mittel wählen. Gewiß nicht. So wenig das Centralnervensystem im thierischen Organismus nur tadellose Leistungen vollbringt, so wenig trifft dies auch im Staate zu. In dem einen wie dem anderen Falle rächt sich der Fehler mit dem Zurückbleiben des Organismus oder mit dem Tode.

Nur hat es der Staat noch mit ganz eigenen Schwierigkeiten zu thun. Denn obwohl eine nähere Analogie nur zwischen dem Staate und dem thierischen Organismus besteht, so ist sie doch keine vollkommene. Schon Spencer hat, wie bereits erwähnt, darauf aufmerksam gemacht, daß die Zellen des socialen Organismus aus denkenden und wollenden Individuen bestehen, und denkende und wollende Menschen sind es auch, denen die Leitung des ganzen socialen Körpers anvertraut ist. Während es also im thierischen Organismus eigene Nervenzellen gibt, denen die Aufgabe obliegt, den Organismus zu leiten, und die von den Muskel- und Knochenzellen keine directen Impulse erhalten, sind die Zellen sämmtlicher Organe des Gesellschaftskörpers gleichförmig und können sich wechselseitig intensiv beeinflussen. Es ist das große Problem der Politik, die jeweilig beste Form der Beziehung zwischen den Individuen und Centralorganen der Gesellschaft herzustellen. Je ausgebildeter die öffentliche Meinung, je höher die Intelligenz, je intensiver das Gefühl der Solidarität zwischen den einzelnen Individuen ist, je zahlreicher die Bande sind, die sich wie gemeinsame Abstammung und Sprache, gemeinsame religiöse und sittliche Anschauungen um die Einzelindividuen schlingen, desto mehr wird ein Maß von Demokratie den staatlichen Organismus fördern. Nicht aus der angeblichen Gleichheit der Menschen, noch aus dem gleichen Rechte der Individuen, wie dies das Naturrecht des vorigen Jahrhunderts annahm, und wie dies noch heute in manchen Köpfen spukt, darf man demokratische Forderungen ableiten. Denn wie das Leben der Gesellschaft höher ist, als das der Individuen, so ist alles Recht nicht individualistisch sondern collectivistisch zu rechtfertigen und muß seine Begründung in der gesellschaftlichen Zweckmäßigkeit suchen.

Diese gesellschaftliche Zweckmäßigkeit erfordert aber nicht immer ein und dasselbe, es wechselt dies nach dem Grade der Entwickelung der Gesellschaft. Das demokratische Princip ist daher kein allgemein giltiges Princip, es hat seine Berechtigung nur insoweit, als die Demokratie zur gegebenen Zeit den collectiven Kampf ums Dasein einer bestimmten Gesellschaft fördert. Darin sind zwei ganz bestimmte Voraussetzungen enthalten: die Voraussetzung einer bestimmten gesellschaftlichen Entwickelung und die Begrenzung der Anwendung des Gleichheitsprincipes auf die Mitglieder der Gesellschaft, also auf alle jene, die durch Solidaritätsgefühle miteinander verbunden sind. Nur wo beide Voraussetzungen zutreffen, kann die Demokratie den Daseinskampf der collectiven Gruppe fördern. Wollte sie die ihr gesteckten Grenzen nach der einen oder der anderen Richtung überschreiten, so würde damit die collective Gruppe im Daseinskampfe geschwächt werden.

So führt denn in der That die Betrachtung des Kampfes ums Dasein, wenn auch nicht zur Aristokratie, wie Häckel meint, so doch zur Erkenntnis, welchen Werth für die gesellschaftliche Entwickelung ein durch Gemeinsamkeit der Weltauffassung gefestigter Staat besitzt. Daraus folgt aber, daß sich die einzelnen Staaten und Staatengruppen schärfer voneinander abheben müssen, als dies im Zuge der Zeit zu liegen scheint. Ich weiß vollkommen, was dagegen einzuwenden ist, ich weiß, daß der erleichterte Verkehr zahlreiche Verbindungen wirthschaftlicher und nichtwirthschaftlicher Natur geknüpft hat, ich weiß, daß die geistigen Bewegungen der Zeit internationalen Charakter tragen, ich weiß, daß die wirthschaftliche Entwickelung der Culturvölker unter der Herrschaft der gegenwärtigen Wirthschaftsordnung einen gewissen Parallelismus aufweist. Ich erinnere mich aber auch, daß die sich selbst überlassene Entwickelung nicht mit dem Siege des Besten, sondern des Passendsten endet, und daß Darwin selbst sehr pessimistisch über die Zukunft des Menschengeschlechtes dachte.

Der Sieg des Passendsten ist, wie wir wissen, nicht selten der Sieg desjenigen, der in der Wahl seiner Mittel, am wenigsten wählerisch ist, oder der durch geringere Ansprüche an das Leben den Anderen unterbietet. So könnte denn die sich selbst überlassene Entwickelung dahin führen, das Niveau der Menschheit herabzudrücken statt zu erhöhen. In richtiger Erkenntnis dessen hat man sich denn auch bemüht, den Kampf ums Dasein und um die bevorrechtete Stellung zu beeinflussen. Die Einschränkung des unlauteren Wettbewerbes, die Sonntagsruhe, der Normalarbeitstag, die Festsetzung eines Minimallohnes in staatlichen und städtischen Betrieben, sowie der Versicherungszwang bedeuten ebenso einen Schutz des gewissenhaften Unternehmers wie des auf höherem Fuße lebenden Arbeiters. Jeder dieser Acte der Gesetzgebung und Verwaltung hat nur für das betreffende Staatsgebiet oder den betreffenden Verwaltungssprengel Giltigkeit. Er schützt also nur die Unterthanen vor Ausbeutung und Herabdrücken des Lebensfußes und nur so weit, als der Machtbereich des Staates sich erstreckt. Auf dem internationalen Markte kann eine Einschränkung des Daseinskampfes eine Minderung der Concurrenzfähigkeit bedeuten. Hier kann der Sieg thatsächlich demjenigen zufallen, dessen breite Volksschichten sich in schlechteren Lebensverhältnissen befinden. Von diesem Gesichtspunkte aus hat Hume bereits vor mehr als einem Jahrhunderte die Meinung ausgesprochen, daß die industrielle Suprematie stets von einem Volke auf das andere übergehen müsse. Denn ein Volk mit industrieller Blüthe habe hohe Löhne und sei daher stets von einem solchen mit niedrigen Löhnen bedroht. Wir wissen heute, daß dies nicht so mechanisch zutrifft, und daß nicht der niedere Lohn, sondern der billige Preis der geleisteten Arbeit die Concurrenzfähigkeit ausmacht. Arbeit kann aber billig sein, obwohl der Lohn hoch ist, weil die Leistung des Arbeiters in Folge großer Arbeitsintensität oder Verwendung von Maschinen eine unverhältnismäßig große sein kann. Zudem kommt, daß nicht jedes Land über eine Organisation des Handels im weitesten Sinne des Wortes verfügt, um eine große gesellschaftliche Arbeitstheilung zu ermöglichen, ja selbst preiswürdige Waaren abzusetzen. Trotz alledem bleibt der niedere Lebensfuß des Arbeiters eine gefährliche Waffe im Kampfe um die industrielle Suprematie, und diejenigen haben völlig recht, welche glauben, daß die europäische Production von Seiten der wiederbelebten gelben Rasse große Gefahr laufen kann. Mit jedem Schritte weiter, den eine Gesellschaft in der Beschränkung des Daseinskampfes und in der Ausgleichung der Classengegensätze macht, läuft sie daher Gefahr, im wirthschaftlichen Wettkampfe der Völker zurückzubleiben. Wer also eine Lenkung des individuellen Daseinskampfes im Interesse des friedlichen Zusammenlebens physisch und sittlich hochstehender Menschen, ja im Interesse der höheren Entwickelung der einzelnen Individuen selbst befürwortet, der muß sich mit dem Gedanken einer Beschränkung der Production auf den eigenen Markt, einer wirthschaftlichen Autarkie der betreffenden Nation vertraut machen.

Man weise dem gegenüber nicht auf die rasch wachsende Bevölkerung hin. Denn ganz abgesehen davon, daß dieses rasche Anwachsen der Bevölkerung und die damit zusammen hängende Wanderbewegung die Folge bestimmter wirthschaftlicher Verhältnisse ist, so ist die Regelung dieser Volksbewegung nicht bloß ein Postulat der Hebung des menschlichen Typus, sondern auch ein Gebot rein wirthschaftlicher Nothwendigkeit. Denn niemand wird sich wohl der Meinung hingeben, daß die Zuwachsrate der Bevölkerung auch in Zukunft die gleiche bleiben kann wie heute, und daß, weil die Bevölkerung Wiens seit 1848 von einer halben Million auf anderthalb Millionen gewachsen ist, also sich verdreifacht hat, dies auch im nächsten halben Jahrhundert der Fall sein müsse. Gewiß, die Lösung des Bevölkerungsproblems ist nicht leicht, sie kann in schmerzlosester und sittlichster Weise nur Hand in Hand mit einer Lösung der wirthschaftlichen Probleme erfolgen. Aber unlösbar ist das Problem nicht. Die Socialpolitik vergangener Jahrhunderte hat es gelöst; und wie sehr diese Lösung eine leidlich zufriedenstellende war, mag man daraus entnehmen, wie gering der Volkszuwachs in den Theilen Deutschlands und Oesterreichs ist, in denen sich die Reste der alten Wirthschaftsformen bis in die jüngste Zeit erhalten haben. Zwischen den Klippen einer proletarischen Volksvermehrung und einer aus Gründen der Bequemlichkeit und des raffinirten Lebensgenusses hervorgehenden directen Abnahme der Bevölkerung wird die Socialpolitik hindurchsteuern müssen. Sie wird auch auf diesem Gebiete den Beweis zu erbringen haben, daß die vernunftbegabte Menschheit Herrin ist ihres eigenen Geschickes.

Anmerkungen.

Zu Seite 7. Nicht mit Unrecht macht Stammler auf den Widerspruch aufmerksam, der in der deutschen Socialdemokratie herrscht, indem durch den socialen Materialismus eine starke idealistische Unterströmung, das Streben nach socialer Gerechtigkeit, hindurchschimmert. Stammler: Wirthschaft und Recht nach der materialistischen Geschichtsauffassung. Leipzig 1896 (S. 63).

Zu Seite 8. Vgl. W. Wundt: System der Philosophie. 1889 (S. 493 fg. und S. 523). Derselbe: Logik, I. Bd. (S. 571).

Zu Seite 11. Vgl. Darwin: Abstammung des Menschen. Deutsch von Carus, I. Bd. (S. 154).

Wesentlich auf demselben Standpunkte steht auch S. Erner: Die Moral als Waffe im Kampfe ums Dasein. Wien 1892. Indes leidet die Klarheit seiner Ausführung darunter, daß er die Begriffe der menschlichen Gattung, des genus Mensch, und der menschlichen Gesellschaft, der societas, nicht auseinanderhält. Denn er versteht unter „Societät" nicht nur Vereinigungen innerhalb eines Volksstammes, sondern auch die Nachkommenschaft, und zwar sowohl die leibliche, wie die durch intellectuelle Bande mit den Vorfahren verknüpfte. Daß die indisch-christliche Auffassung der Ethik sich im Kampfe ums Dasein der societas als mächtige Waffe erwiesen hat, lehrt im Gegensatze zu Erner's Auffassung die Geschichte. Sind doch die christlichen Völker eben daran, den Rest des Erdballes aufzutheilen. Dem gegenüber dreht sich der eigentliche Streit darum, ob nicht die Durchführung der Idee menschlicher Gleichheit den Typus Mensch herabdrücken würde.

Auch Chiappelli meint, Darwinismus und Socialismus hiengen nur äußerlich zusammen. Sotto l'apparente armonia si nasconde la profonda diversità dello spirito, che lo anima. A. Chiappelli: Darwinismo e Socialismo. Nuova Antologia, 1895, Februarheft (S. 641).

Vgl. E. Häckel: Freie Wissenschaft und freie Lehre. Stuttgart 1878 (S. 73). Uebrigens ist auch Häckel der Meinung, daß es gefährlich ist, naturwissenschaftliche Theorien unmittelbar auf das Feld der praktischen Politik zu übertragen (a. a. O. S. 74). Häckel: Der Monismus als Band zwischen Religion und Wissenschaft. 1893 (S. 31).

Zu Seite 13. Nach einer bei Wallace citirten Aeußerung von Marsh hatten die älteren tertiären Säugethiere, welche wir kennen, sämmtlich ein sehr kleines Hirn. Bei manchen Formen war dieses noch kleiner als bei den Reptilien. Es fand dann während dieser Periode ein allmähliges Wachsthum statt.

Zu Seite 14. Galton: Hereditary Genius 2. Aufl. (S. 356 fg.).

Vgl. A. Weismann: Aufsätze über Vererbung und verwandte biologische Fragen. Jena 1892 (S. 790).

Zu Seite 15. So sieht z. B. auch Galton in der Individualität nichts anderes als eine neue Anordnung von dem, was schon bisher bestand. (Galton: Hereditary Genius (S. 361). Ja er zieht dem Fortschritte noch engere Grenzen, indem er das Gesetz der Regression aufstellt, d. h. behauptet, daß die Kinder überdurchschnittlich begabter Eltern die Tendenz hätten, sich dem Mittelmaße zu nähern. Galton: Natural inheritance (S. 104 fg. und S. 194.)

Vgl. A. Weismann: Das Keimplasma. Eine Theorie der Vererbung. 1892 (S. 544 fg.).

Zu Seite 16. Galton: Hereditary Genius (S. 352).

Zu Seite 17. Sehr richtig bemerkt Ratzenhofer, daß sich Verstümmlungen nicht vererben, weil sie nicht im Anpassungsinteresse der Gattung liegen. Ratzenhofer: Die sociologische Erkenntniß. 1898 (S. 276).

Zu Seite 18. Auch Spencer führt aus demselben Grunde die schwächere Entwickelung der Kiefer bei Schoßhunden auf Nichtgebrauch zurück. Nach Messungen Darwin's ist das Gewicht des Flügelknochens bei den zahmen Enten um ein Zehntel verringert. Bei den Moderassen der Tauben ist das Brustbein um ein Siebentel bis ein Achtel seiner vollen Länge verkürzt, der Schulterknochen um ein Neuntel.

So berichtet z. B. Galton, daß die Hochschotten, als sie ganz England zum Wettkampfe herausforderten, von einem Commis eines Londoner Bankhauses geschlagen wurden. Galton: Hereditary Genius (S. 12). In Cambrigde waren die preisgekrönten Schüler nicht selten zugleich die besten Ruderer (S. 321).

Zu Seite 19. Auch Wallace nimmt Panmirie an, nur geräth er nicht so in Widerspruch wie Weismann, weil er die Arten nicht für so unveränderlich hält. Wallace: Der Darwinismus (S. 636).

So muß auch Ammon, einer der lautesten Rufer im Streite, zugeben, daß die Panmirie erst im Laufe ungeheurer langer Zeit eine Rückbildung der geistigen Kräfte zur Folge haben könnte. Ammon: Die natürliche Auslese beim Menschen. 1893 (S. 276).

So meint z. B. Wallace: Darwin betone zu sehr die Langsamkeit der Entwickelung. Angesichts des großen Grades der Variabilität könnte man schon für einen kürzeren Zeitraum als ein Jahrhundert eine Aenderung annehmen, falls etwa eine rasche Umwandlung der Lebensbedingungen eine ebenso rasche Anpassung nöthig machen sollte. Wallace: Darwinismus (S. 186 und 673). Diese ganz allgemeine Bemerkung kann sich aber auf die Menschheit nicht in dem Maße wie auf die Thier- und Pflanzenwelt beziehen, da im Laufe eines Jahrhunderts höchstens drei bis vier Generationen von Menschen geboren werden, die Möglichkeit der Variation also eine beschränkte ist. Dies umsomehr, als Wallace einen Einfluß der Außenwelt auf die Variation, wie ihn Spencer annimmt, nahezu ausschließt. Im schroffsten Gegensatze zu dieser Meinung, sowie zu der Weismann'schen Theorie steht Eimer. Nach ihm ist das Variiren nicht Sache des Zufalles, sondern geschieht gesetzmäßig nach wenigen, ganz bestimmten Richtungen unter dem Einflusse der Ernährung und des Klimas. Da nicht alles nützlich und angepaßt sei, was sich entwickle, und da die Auslese nichts neues schaffen, sondern nur mit schon Vorhandenem arbeiten könne, so glaubt Eimer den Einfluß der Naturzüchtung auf die Entstehung der Arten gering anschlagen zu müssen. Nur die Erhaltung schon vorhandener Arten durch natürliche Zuchtwahl sei denkbar. Eimer tritt auch für die

Vererbung erworbener Eigenschaften ein. Vgl. Theodor Eimer: Orthogenesis der Schmetterlinge, ein Beweis bestimmt gerichteter Entwickelung und Ohnmacht der natürlichen Zuchtwahl bei der Artbildung. Leipzig 1897 (S. I fg., S. 14 fg. u. S. 53). Auch Nägeli bekämpft die Ansicht, daß die Veränderungen beliebig, richtungslos und daher in verschiedenen Individuen ungleich seien. Desgleichen unterscheidet er zwischen Anpassungsmerkmalen und Organisationsmerkmalen im Pflanzenreiche. Die ersteren, die durch die äußeren Reizeinflüsse hervorgerufen werden, und mit Rücksicht darauf ihre Nützlichkeit erproben, zeigten eine geringere Permanenz als die letzteren. Vgl. C. v. Nägeli: Mechanischphysiologische Theorie der Abstammungslehre. München und Leipzig 1884 (S. 286 und 327).

Zu Seite 20. Diesen Fehler begeht z. B. ein so hervorragender Naturforscher wie Preyer. Vgl. Preyer: Die Concurrenz in der Natur. Nord und Süd 1879 (S. 197). Aehnlich auch Babala-Papale: Darwinismo naturale e Darwinismo sociale. 1883 (S. 273).

Zu Seite 21. Vgl. Wallace: Der Darwinismus (S. 52 bis 54 und 162 bis 163) und E. Strasburger: Die Dauer des Lebens. Deutsche Rundschau, Januar 1899 (S. 92).

Zu Seite 22. C. Effertz: Arbeit und Boden. Grundlinien einer Ponophysiokratie, 1890 passim, insbes. I (S. 242).

Thomas Hurley: Sociale Essays. Berechtigte deutsche Ausgabe mit einer Einleitung von A. Tille. 1897 (S. 190 und 225, Anm.).

Zu Seite 25. Die Classenkämpfe sind Beherrschungskämpfe und haben mit dem Kampfe ums Dasein im Sinne Darwin's nichts zu thun. Es ist ein Irrthum Ferri's, den Classenkampf mit dem Kampfe zwischen den verschiedenen Arten zu verwechseln. Enrico Ferri: Socialismus und moderne Wissenschaft. Deutsch von Kurella. 1895 (S. 78). Auch Haycraft ist der Unterschied zwischen Vernichtungs- und Beherrschungskampf nicht klar geworden. Er spricht von einem Kampfe ums Dasein, in dem die Reichen Sieger bleiben, fügt aber bei, der menschliche Kampf ums Dasein unterscheide sich von dem thierischen dadurch, daß er nicht zum Untergange des unterliegenden Theiles führe. Das Ziel des Kampfes sei überhaupt der Besitz. J. B. Haycraft:

Natürliche Auslese und Rassenverbesserung. Deutsch von H. Kurella. 1895 (S. 135 fg.).

Zu Seite 26. Nach Comte besteht nur die Gesellschaft wirklich, das Individuum ist eine Abstraction. A. Comte: Cours de philosophie positive, VI. Bd. (S. 590).

Wundt: System der Philosophie (S. 592 fg.).

Das Verdienst, zuerst am nachdrücklichsten auf die Bedeutung des collectiven Kampfes ums Dasein hingewiesen zu haben, gebührt Schäffle. Vgl. Schäffle: Darwinismus und Socialwissenschaft. Gesammelte Aufsätze. Tübingen 1885, I. Bd. (S. 4 fg.). Derselbe: Bau und Leben des socialen Körpers. Tübingen 1878, II. Bd. passim. Derselbe: Deutsche Kern- und Zeitfragen. Berlin, 1894 (S. 21 fg.). Den Spuren Schäffle's folgt Vadalà-Papale: Darwinismo naturale e Darwinismo sociale. 1883 (S. 344 und passim). Er irrt aber, wenn er meint, in der Gesellschaft höre der Existenzkampf der Individuen auf (S. 393).

Zu Seite 27. So sagt auch Jaeger: „Der Kampf ums Dasein ist nach außen gegen die Natur unbeschränkt. Hier gilt das Faustrecht, aber der Kampf zwischen Mensch und Mensch ist beschränkt durch das gesellige Leben, durch das Princip der Nächstenliebe." G. Jaeger: Die Darwin'sche Theorie und ihre Stellung zu Moral und Religion. 1869 (S. 109). An eine volle Beseitigung der individuellen Daseinskämpfe denkt der Proudhonist A. Boucher (Darwinisme et Socialisme. Paris 1890 (S. 54).

„Sollte in einer Gesellschaft die Meinung überhandnehmen, der Kampf ums Dasein rechtfertige oder fordere gar eine rücksichtslose Verfolgung der eigenen Interessen, eine Unterdrückung und Ausbeutung der Schwachen durch die Starken, eine Vernichtung des Leidens durch Vernichtung der Leidenden, eine Entwurzelung des Gewissens und der Naturstimme des Mitleides, die gegen ein solches Thun Einsprache erheben; sollte in einer Gesellschaft die Selbstsucht fortgezüchtet und physische Stärke und raffinirte Klugheit das höchste Ideal werden, so würde ein solches Gemeinwesen dem Untergange nahe sein, denn es hat an seiner eigenen Auflösung gearbeitet." G. v. Gizycki: Moralphilosophie (S. 517). — Auf die Beeinflussung Nietzsche's durch den Darwinismus hat besonders Riehl hingewiesen. A. Riehl: Friedrich Nietzsche der Künstler und der Denker. Stuttgart 1897 (S. 98 fg.). — Tille hat ganz Recht, wenn er zwischen dem ethischen Gesetzgeber und dem handelnden Durchschnittsmenschen unterscheidet. Nur irrt er, da er meint, daß die Gebote des Ersteren so leicht in das sittliche Bewußtsein der Allgemeinheit übergehen, daß die Einzelnen nach ihnen handeln, weil sie für ihr Bewußtsein hohe Gefühlswerthe haben. Gefühlswerthe lassen sich nicht von außen decretiren. Tille: Von Darwin bis Nietzsche (S. 79).

Im Gegensatze zu der oft geäußerten Ansicht, daß das Christenthum die Evolution hindere, ist Kidd der Meinung, daß der Religion in der Menschheitsentwickelung eine große Aufgabe zugefallen sei. Denn die Interessen der Gesammtheit fielen nicht, wie die Utilitarier meinten, mit denen der Individuen zusammen. Im Interesse jener liege eine heftige Concurrenz der Individuen, während die Vernunft dem Individuum nahelege, diesem Concurrenzkampfe ein Ziel zu setzen. Jede Zunahme des Intellects bedeute daher die Gefahr, daß die Triebkräfte der Entwickelung gehemmt werden, sie wirke antisocial. Demgegenüber bringe das religiöse Element die Unterordnung der individuellen Wünsche unter die Interessen der Gesammtheit kraft übernatürlicher Sanction mit sich. Der mächtigste Hebel der Entwickelung sei die Zunahme des Altruismus, da sie dahin führe, die Concurrenzbedingungen für Alle gleich zu gestalten.

Ob der Altruismus dabei stehen bleibt, den Daseinskampf zu einem Kampfe mit gleichen Waffen zu machen, scheint mir sehr zweifelhaft zu sein, und es ist daher erklärlich, wenn die Naturforscher, die sich nicht zum Begriffe der menschlichen Gesellschaft aufzuschwingen vermögen, sondern bloß den individuellen Daseinskampf im Auge haben, in dem Altruismus eine Gefahr für die Auslese sehen. Da auch Kidd bloß an den Kampf der Individuen denkt und die Bedeutung des Altruismus für das Bestehen und Gedeihen der Gesellschaft außer Acht läßt, sind seine Ausführungen nicht einwandfrei. Sein Hauptirrthum scheint mir aber darin zu liegen, daß er trotz vieler richtiger Bemerkungen weder erkennt, daß die Concurrenz keineswegs unbedingt zum Siege des Besten führt, noch daß der menschliche Intellekt berufen ist, die Evolution zu beeinflussen.

Zu Seite 28. Auch der Classiker der individualistischen National=
ökonomie A. Smith geht in seinem moralphilosophischen Werke zuerst
vom Mitleide aus, ersetzt aber in der Folge das Mitleid durch die
Sympathie, da diese auch das Mitempfinden mit menschlichem Glücke
einschließe. A. Smith: The theory of moral sentiments, I. Bd.
(S. 5).

Zu Seite 29. Von verschiedenen Naturforschern ist die Frage
aufgeworfen worden, ob wir überhaupt noch fortschreiten, ob denn
in der heutigen Gesellschaft von einem Kampfe ums Dasein die Rede
sein könne. So hat namentlich Hurley behauptet, seit der Königin
Elisabeth bestehe wenig oder kein Daseinskampf, und eine Auslese finde
so gut wie nicht statt. Seit vier bis fünfhundert Jahren habe sich
der englische Volkscharakter nicht geändert, und was man den Daseins=
kampf in der Gesellschaft nennt, sei bloß ein Wettbewerb um die Mittel
zum Genusse. Das Aufhören des Daseinskampfes gehe schon daraus
hervor, daß sich die unteren Classen trotz der hohen Sterblichkeit viel
rascher vermehrten als die oberen. Ich glaube, daß diese Ansicht un=
haltbar ist, weil wir tagtäglich den Ausleseproceß beobachten können.
Von der Beantwortung der Frage, ob die Gesellschaftsclassen das Er=
gebnis des Kampfes ums Dasein sind, wollen wir vorläufig absehen.
Aber innerhalb einer und derselben Classe finden Verschiebungen statt,
die nur als Ergebnis der Auslese zu erklären sind. Es gehört hierher,
wenn einzelne erblich belastete Familien aussterben, und wenn die An=
gehörigen anderer Familien oder Volksstämme sich ausbreiten. Dort wo
es geschlossene Bauernhöfe mit Hausnamen gibt, kann man die Ver=
schiebungen, die sich im Laufe der Zeit vollzogen haben, aus dem Aus=
einanderfallen der Familien= und Hausnamen beobachten, da anzunehmen
ist, daß die Bauernfamilien ursprünglich ihren Namen von dem Besitze
empfingen, geradeso wie man in den Städten des Mittelalters den Ort
der Herkunft zur näheren Bezeichnung der Einwanderer benützte. Vgl.
Hurley a. a. O. (S. 251 fg.).

Zu Seite 30. Wenn Tille Wundt vorwirft, daß auch er in
seiner Ethik die Culturentwickelung als Ziel formulirt habe, so kann ich
den Vorwurf für nicht ganz berechtigt halten. Wundt bezeichnet aller=
dings (Ethik, 2. Aufl., S. 501 fg.) geistige Schöpfungen von objectivem

Werthe für das Ziel der Sittlichkeit. Zu dieser Verselbstständigung der Bedeutung der Cultur gelangt er aber offenbar durch den Gegensatz zum Eudämonismus, ohne sie zu den letzten Consequenzen durchführen zu wollen. Denn indem ihm jede Cultur als etwas erscheint, was wieder auf das Einzelleben zurückwirkt, indem er also an eine lebhafte Wechselwirkung zwischen den objectiven Schöpfungen und der lebendigen Wirklichkeit im Interesse noch höherer Schöpfungen glaubt, kann ihm die Fähigkeit, durch die Cultur angeregt zu werden, nicht gleichgiltig sein. Davor endlich, die Cultur als etwas aufzufassen, was im Interesse einiger ästhetischer Feinschmecker von den Massen vermehrt werden müsse, selbst wenn sie darüber zugrunde giengen, bewahrt ihn seine collectivistische Gesammtauffassung.

Zu Seite 32. Man könnte vielleicht den Umstand, daß die Arbeiter der sogenannten Amazonenameise durch die Sklaverei der Arbeit völlig entwöhnt wurden, als eine Degenerationserscheinung auffassen. Indes deckt sich diese Erscheinung, die das Product der Arbeitstheilung ist, nicht mit der menschlichen Degeneration, da die Arbeiter der Amazonenameise keineswegs die Fähigkeit verlieren, Sklaven zu machen und dadurch ihren Staat und ihre Art zu erhalten. Hingegen verlieren beim Menschen Herrscher- und Aristokratenfamilien nicht bloß die Fähigkeit zu arbeiten, sondern speciell die Fähigkeit zu regieren.

Auf die Gefahren der Entartung hat nicht ohne Uebertreibung Ferri hingewiesen. Enrico Ferri a. a. O. (S. 48).

Zu Seite 33. Ihering: Der Zweck im Recht, I. Bd. (S. 25). Im Uebrigen ist die Auffassung Ihering's über das Verhältnis von Causalität und Zweckmäßigkeit durchaus unbefriedigend. Ihm erscheint nicht der zweckbewußt handelnde Wille causal bestimmt, sondern umgekehrt das Causalgesetz ein Ausfluß der Zweckvorstellung (I. Bd., S. XII. fg.).

Kant theilt die Menschenkenntnis in physiologische und pragmatische. Die erstere geht auf die Erforschung dessen, was die Natur aus dem Menschen macht, die letztere auf das, was der Mensch als freihandelndes Wesen aus sich selbst macht, oder machen kann und soll. Vgl. Kant: Anthropologie in pragmatischer Hinsicht. 1798 Vorrede. Durch das ausgezeichnete Buch von Paul Barth:

„Die Philosophie der Geschichte als Sociologie", zieht sich, offenbar in Anlehnung an Wundt, wie ein rother Faden der Gedanke, daß zwischen Natur und Geist ein Gegensatz bestehe, dessen einfachste Erscheinungsform der Gegensatz zwischen associativem und apperceptivem Denken sei. Auch Tönnies stellt den Willen in den Mittelpunkt seines Systems. F. Tönnies: Gemeinschaft und Gesellschaft. Leipzig 1887.

Zu Seite 34. In den Geisteswissenschaften, die sich mit den Willenshandlungen der Menschen beschäftigen, ist, nach Wundt, der Zweck das herrschende Forschungsprincip, der methodische Unterschied dieser von den Naturwissenschaften beruhe hierauf. Hier Zweckprincip, dort Causalität. Wundt: Logik (I. Bd., S. 582). Derselbe: System der Philosophie. 1889 (S. 343 fg. und 493). „Alles," sagt Dilthey, „was in der geschichtlich-gesellschaftlichen Wirklichkeit vom Menschen bewirkt wird, geschieht vermöge der Springfeder des Willens; in diesem aber wirkt der Zweck als Motiv." W. Dilthey: Einleitung in die Geisteswissenschaften. Leipzig 1883 (S. 66). Vgl. auch J. St. Mill: System der deductiven und inductiven Logik. Deutsch von Gomperz. IV. Buch. Karl Menger: Untersuchungen über die Methode der Socialwissenschaften und der politischen Oekonomie insbesondere. Leipzig 1883.

Zu Seite 35. So sagt auch Lange: „Während die Pflanze bewußtlos, das Thier ganz vom Naturtriebe beherrscht, den Naturgesetzen willenlos unterliegen, tritt im Menschen als letzte Stufe jenes natürlichen Vervollkommnungsprocesses die Fähigkeit auf, sich über den grausamen und seelenlosen Mechanismus desselben zu erheben, durch berechnete Zweckmäßigkeit die sich blindlings gestaltende abzulösen und mit unendlicher Ersparnis an Schmerz und Todesqualen einen Fortschritt zu erzielen, welcher sich rascher, sicherer und lückenloser bewegt als derjenige, welchen blind waltende Naturgesetze durch den Kampf ums Dasein hervorbringen. Wobei denn freilich nicht verkannt werden darf, daß trotz aller Intelligenz und alles guten Willens der Mensch sich doch niemals völlig von den Wirkungen jener Naturgesetze befreien wird." F. A. Lange: Die Arbeiterfrage, 4. Aufl. 1879 (S. 30). In jüngster Zeit hat Ritchie darauf hingewiesen, daß durch das Bewußtsein eine Aenderung in die natürliche Auslese eingeführt worden sei. The capacity for thinking constitutes mans freedom. It is by thinking alone, that he can rise above the position of natures slave. Vgl. David G. Ritchie: Darwinism and Politics. 3. Aufl. 1895 (S. 24 fg.). Für eine Beeinflussung des Kampfes ums Dasein tritt auch Fick ein. Vgl. Heinrich Fick: Ueber den Einfluß der Naturwissenschaft auf das Recht. Jahrbücher für Nationalökonomie und Statistik, XVIII. Bd. 1872 (S. 276).

Mit dieser Auffassung stimmt auch Ploeß überein, wenn er an Stelle der Auslese der Individuen eine Auslese des Keimes setzen will. „Für jedes Stück des ausjätenden Kampfes ums Dasein", sagt er, „das wir durch Hygiene, durch Therapeutik, durch socialen und wirthschaftlichen Schutz der Schwachen, durch socialistische Reformen im Allgemeinen beiseite schaffen, müssen wir nothgedrungen ein Aequivalent bieten in Form von entsprechender Verbesserung der Tevarianten, sonst ist eine Entartung sicher." A. Ploeß: Die Tüchtigkeit unserer Rasse und der Schutz der Schwachen 1895 (S. 229). Aehnlicher Anschauung ist auch Haycraft. Im Allgemeinen habe ich aber die Empfindung, daß der die Rasse schädigende Einfluß der Hygiene und Therapie weit überschätzt wird. Daß durch die Schutzpockenimpfung die Rasse verschlechtert worden sei, wird kaum jemand beweisen wollen. Auch der Beweis, daß z. B. die Hamburger Choleraepidemie wohlthätig auf die Rasse eingewirkt habe, wird schwer zu erbringen sein. — Daß durch zweckbewußtes Eingreifen eine Auslese ohne Vermehrung der Individuen über den Nahrungsmittelspielraum hinaus stattfinden könne, ist Kidd unbekannt geblieben. Es hängt dies mit seiner die Bedeutung des Intellectes für die Evolution unterschätzenden Gesammtauffassung zusammen. B. Kidd: Sociale Evolution ꝛc. (S. 33 fg. und 193).

Zu Seite 36. Vgl. hierüber auch F. Hueppe: Zur Rassen- und Socialhygiene der Griechen im Alterthum und in der Gegenwart. Wiesbaden 1897.

Zu Seite 37. Mit tiefem Kummer sieht Spencer die fortschreitende Einschränkung des Selbstbestimmungsrechtes. Zwischen 1860 und 1884 habe es 59 Parlamentsacte gegeben, welche die persönliche Freiheit beschränkten. Ihnen folgten bis 1894 weitere 43. H. Spencer: Principles of Sociology, III. Bd. (S. 591).

Es ist daher gewiß nicht richtig, wenn Jacoby meint, bei Einführung des Socialismus werde die organisirte Menschheit zum erstenmale auf Erden lernen, mit Bewußtsein ihre eigene Geschichte zu machen. Leopold Jacoby: Die Idee der Entwickelung 1886 I. Theil (S. 43).

Zu Seite 38. Es ist durchaus ungenügend, wenn Lapouge bloß 233 Schädel, von denen 97 der jetzigen Bevölkerung Montpelliers und 136 der Bevölkerung des 18. Jahrhunderts angehören, gemessen hat, oder wenn er 20 Schädel jetziger Bewohner von Notre Dame de Londres mit 13 Schädeln des Adels aus dem 16. und 17. Jahrhundert vergleicht. G. b. Lapouge: Le Darwinisme dans la science sociale. Revue internationale de Sociologie (S. 414). In ähnlicher Weise basirt Ammon seine Schlüsse auf Messungen an 300 in der Stadt geborenen Stellungspflichtigen, an ein paar Dutzend Mitgliedern wissenschaftlicher Vereine und Schülern einiger Mittelschulen. Vgl. O. Ammon: Die natürliche Auslese beim Menschen, Jena 1893. Eine ausführliche Kritik Ammon's hat Herkner geliefert. H. Herkner: Die Arbeiterfrage, 2. Aufl. (S. 448 fg.). Vgl. auch Tönnies in der Zeitschrift für Psychologie und Physiologie der Sinnesorgane, VI. Bd., 1894 (S. 235 fg.), und Karl Jentsch: Socialauslese. Kritische Glossen, Leipzig 1898 (S. 116 fg.).

Zu Seite 39. Schmoller: Das Wesen der Arbeitstheilung und der socialen Classenbildung. Jahrbuch für Gesetzgebung, Verwaltung und Volkswirthschaft im Deutschen Reiche, XIV. Jahrgang, 1. Heft 1890 (S. 76). Nach Paul Barth (Die Philosophie der Geschichte als Sociologie, Leipzig 1897, S. 382) beruhen die Stände des Orientes auf der Arbeitstheilung, die im classischen Alterthum auf dem Unterschiede des Vermögens. Hingegen soll nach Wolf der indische Name für Kaste — varna — Farbe sein. Dies würde auf eine nationale Verschiedenheit der einzelnen Kasten deuten. J. Wolf: Socialismus und capitalistische Gesellschaftsordnung, Stuttgart 1892 (S. 405).

Auch Gizycki ist der Meinung, daß es auf die besondere Beschaffenheit der Gesellschaft ankommt, wenn bestimmt werden soll, wer in ihr der Geeignetste ist. G. v. Gizycki: Moralphilosophie (S. 516).

„The old notions of social distinction are only now giving way to the much higher ideal and type of man, the maker of his own fortune." Vgl. J. Schoenhof: The economy of high wages, 1893 (S. 403).

Karl Bücher: Die Entstehung der Volkswirthschaft (S. 152 fg.). H. Herkner: Die Arbeiterfrage. 2. Aufl. (S. 461 fg.).

Zu Seite 40. Ludwig Büchner: Darwinismus und Socialismus, 1894 (S. 33). Alexander Tille: Volksdienst. Von einem Socialaristokraten, 1893 (S. 199), und Derselbe: Von Darwin bis Nietzsche, 1895 (S. 238).

Zu Seite 41. Wenn Gumplowicz in geistvoller Weise die eigentliche Bedeutung der socialen Frage in dem Versuche findet, an Stelle der Gruppenauslese die individuelle Auslese zu setzen, so kann dabei nach dem Gesagten auch nicht an eine Auslese im biologischen Sinne gedacht werden. Vgl. Gumplowicz: Darwinismus und Sociologie. Die Zeit, Wien, VI. Bd., Nr. 70, 71 und 72; abgedruckt in den Sociologischen Essays, Innsbruck 1899.

Auch Woltmann verwechselt den Kampf ums Dasein mit der Classenbildung. Ludwig Woltmann: Die Darwin'sche Theorie und der Socialismus. Düsseldorf 1899 (S. 333). Ich kann den Versuch Woltmann's, die Theorie des ökonomischen Materialismus für den Darwinismus fruchtbar zu machen, nicht für gelungen halten. Es ist meines Erachtens unzutreffend, daß das menschliche Selbstbewußtsein und das logische Denken eine Folge der Werkzeugverwendung, und somit materialistisch zu erklären ist.

Zu Seite 43. Auch Galton stellte Untersuchungen über die Vererbung geistiger und körperlicher Vorzüge an, die in seinem Buche: Hereditary Genius, veröffentlicht sind. Es ist übrigens fraglich, ob in anderen Ländern den oberen Classen ein ähnliches Uebergewicht in der Hervorbringung von Talenten zukommt, wie in Frankreich. Schon der Umstand, daß aus den Familien der protestantischen Geistlichkeit viel bedeutende Männer hervorgegangen sind, dürfte in England und Deutschland das Verhältnis zu Gunsten des Mittelstandes verschieben.

Zu Seite 44. Im Platonischen Staate sollten durch das Urtheil der Herrscher würdige Personen niederer Stände in die höheren aufgenommen, unwürdige dagegen declassirt werden.

Es sind Erwägungen verwandter Natur, wenn die Philosophen den höchsten Werth darauf legen, daß in einer bestimmten Gesellschaft der Mittelstand numerisch stark vertreten ist. Nur werden wir uns stets gegenwärtig halten müssen, daß der Begriff des Mittelstandes ein formaler ist, und daß das Streben, einen Mittelstand zu erhalten, durchaus nicht nothwendig dadurch in der Politik zum Ausdrucke kommen müsse, daß Schichten erhalten werden, die technisch rückständige Productions- und Vertheilungsformen vertreten. Die Schichten, die den Mittelstand bilden, wechseln im Laufe der Jahrhunderte, der Mittelstand selbst behält seine Berechtigung als eine Gruppe von Personen, die, um mich der Worte Rousseau's zu bedienen, weder so reich sind, um andere kaufen zu können, noch so arm, um sich verkaufen zu müssen. — Niemand hat besser die Meinung der griechischen Philosophen über die Bedeutung des Mittelstandes für die Gesundheit des Individuums und der Gesellschaft ausgedrückt als Euripides.

„.. Lieber will ich stillbeglückt
Ein Mann im Volke leben als ein König sein,
Der sich die böse Rotte gern zu Freunden wählt,
Und vor dem Tode zagend stets die Guten haßt.
Du sagst vielleicht: dies alles überwiegt das Gold,
Süß ist der Reichthum, doch den Tadel lieb ich nicht,
Das Geld in Händen hütend, noch der Sorgen Qual.
Ich lob ein harmlos Leben mir im Mittelstand."

Jon, Vers 620 bis 627.

„Drei Arten Bürger gibt es ja: die Reichen sind
Niemandem nütze, trachten stets nach Mehrerem.
Der Arme, dem des Lebens Unterhalt gebricht,
Ist ungestüm und schnödem Neide zugewandt,
Schnellt herber Zunge Stacheln auf Vermögende,
Von böser Führer trügerischem Geschwätz berückt.
Doch der in beider Mitte steht, beschirmt die Stadt,
Für Zucht und Ordnung wachend, die das Volk gebot.

Die Schutzflehenden, Vers 229 bis 236.

Zu Seite 45. Vgl. auch Ploetz (S. 165 fg.) und A. Hegar: Der Geschlechtstrieb, Stuttgart 1894 (S. 100).

Zu Seite 46. „Die größten deutschen Dichter haben sich vor hundert Jahren in Weimar, die genialsten deutschen Maler und Architekten unserer Zeit haben sich in dem armen Bayern, in München, versammelt, als dort sicher noch kein Privatmann eine Million besaß." Schmoller: Ueber einige Grundfragen des Rechtes und der Volkswirthschaft. Jena 1875 (S. 111).

G. Simmel: Ueber sociale Differenzirung, 1890 (S. 99). Vgl. auch Lange: Die Arbeiterfrage, 4. Aufl., 1879 (S. 114).

Zu Seite 47. Das rhodische Seerecht, das in spätrömischer Zeit aufgezeichnet wurde, kennt unter anderem auch die Bezahlung der Matrosen im Antheil an der Fracht. Die Fracht wurde in gleiche Theile getheilt, von denen der Capitän 2, der Steuermann, der Schiffszimmermann u. s. w. je $1\frac{1}{2}$, der Matrose und der Koch je $1\frac{1}{2}$ Theil erhielten. Demgegenüber erhält bei dem heutigen nordamerikanischen Walfischfange der Capitän einen zwanzigfach so großen Antheil, wie der einzelne Seemann. Schmoller: Die geschichtliche Entwickelung der Unternehmung. Jahrbuch 2c., XIV. Bd. (S. 752 und 757).

Zu Seite 48. Nach Aristoteles soll der Staat eine Vereinigung von Geschlechtern und Dorfgemeinden zum Zwecke eines vollendeten und sich selbst genügenden Daseins sein. Aristoteles: Politik, III. Buch.

„In mehr als zweitausendjähriger Gedankenarbeit der besten Köpfe ringt man sich allmählich zur Einsicht durch, daß man den Bau und die Zusammensetzung der menschlichen Gesellschaft und des Staates nicht mehr dem mechanischen Ablaufe einer unbewußten socialen Entwickelung überlassen sollte, daß vielmehr Volk und Regierung die Resultate der Wissenschaft sich anzueignen und so in bewußter Weise eine möglichst zweckvolle Organisation der Gesellschaft anzustreben hätten." Ludwig Stein: Die sociale Frage im Lichte der Philosophie, 1897 (S. 33). Nach Plato ist der Staat das Ergebnis des Suchens nach Gerechtigkeit. Die Staaten werden dem Ideale nur nahekommen, wenn entweder die Philosophen Könige werden oder die Könige zu philosophiren beginnen.

Auch Sombart steht durchaus auf dem Boden des Entwickelungsgedankens. Nur entnimmt er seine Ideale dem wirthschaftlichen Leben, indem er der Socialpolitik die Aufgabe zuschreibt, bestimmte Wirthschaftssysteme zu erhalten, zu fördern oder zu unterdrücken. Nach seiner Auffassung nimmt das Wirthschaftsleben die erste Stelle in den menschlichen Strebungen ein, weil von seiner zweckmäßigen Gestaltung alles übrige menschliche Dasein abhängt. Denn nicht die Ethik beeinflusse das Wirthschaftsleben, sondern vielmehr dieses die Ethik. Das Ideal der Socialpolitik sei somit das Wirthschaftssystem höchster Productivität. Für diese Autonomie des socialpolitischen Ideals spricht aber nach Sombart noch ein Grund formaler Natur. Indem es das wichtigste Erforderniß eines richtunggebenden Ideals sei, sicher, zuverläßlich und eindeutig zu sein, damit es dem Politiker jederzeit zur Orientirung zu dienen vermöge, könne das socialpolitische Ideal der Ethik nicht entnommen werden. Denn die ethischen Systeme seien wandelbar.

Schon zu Beginn unseres Jahrhunderts hatte Sismondi Ricardo gegenüber behauptet, das Ideal der englischen Nationalökonomie sei ein Zustand, in dem der König von England, schließlich ganz allein auf den britischen Inseln zurückgeblieben, nur eine Kurbel zu drehen brauche, um allerlei Automaten zur Befriedigung seiner Bedürfnisse in Bewegung zu setzen. Indes würde man Sombart Unrecht thun, wollte man diesen Zustand der höchsten Productivität für sein Ideal halten. Denn er nimmt offenbar an, daß auf die zweckmäßigste Production die zweckmäßigste Vertheilung gleichsam von selbst folgen müsse. Damit stellt er sich vollkommen auf den Boden des ökonomischen Materialismus.

Daß die ethischen Systeme wandelbar sind, ist Sombart zuzugeben. Daraus folgt aber noch nicht, daß die Ethik ungeeignet sei, das Ideal der Socialpolitik zu bestimmen. Auch die Anschauungen über Erziehung schwanken. Trotzdem ist es aber noch keinem guten und wohlhabenden Hausvater eingefallen, seinen Sohn zu einem einfachen Handlanger erziehen zu wollen, weil der Weg zu diesem Berufe sicher und zuverläßig zu finden ist. Vgl. W. Sombart: Ideale der Socialpolitik, Braun's Archiv, X. Bd., 1. Heft 1897. Die Abhandlung Sombart's hat eine Gegenschrift von katholischer Seite hervorgerufen. F. Walter: Socialpolitik und Moral. Freiburg i. B. 1899.

Der Einzelne, sagt Galton, gleicht einer Kuh, die an einer elastischen Schnur angehängt ist und daher den Weideplatz nur in beschränkter Weise erweitern kann. Die Gesellschaft hingegen sei in der Lage, die Pflöcke, an denen die Schnur befestigt ist, einfach an anderen Stellen einzuschlagen. Galton: Hereditary Genius (S. 360).

Zu Seite 49. Wundt: System (S. 599). Spencer gelangt daher dahin, die Vergleichung der Gesellschaft mit einem Organismus nur als eine Hilfsconstruction zur Erklärung jener aufzufassen. Spencer: Principles, I. Bd. (S. 613 bis 614). Auch sonst fällt Spencer immer wieder in die alte atomistische Gesellschaftsauffassung zurück. So wenn er meint, Vertheidigung und Angriff sei die Veranlassung menschlicher Vereinigung gewesen (II. Bd., S. 241), der Staat habe nach dem Zurücktreten der Kriege eigentlich seine Hauptaufgabe, die Individuen zu vertheidigen, erfüllt, er brauche nun nur noch zwischen den Individuen die Ruhe zu erhalten (II. Bd., S. 607, und III. Bd., S. 600).

Paul Barth: a. a. O. (S. 134).

Ratzenhofer sucht die Klippe dadurch zu umschiffen, daß er zwischen Organismus und Organisation unterscheidet. Im Organismus beruhe das Leben und die Selbständigkeit auf dem zweckeinheitlichen Zusammenwirken der Organe; jeder innere Gegensatz ist Krankheit. Die sociale Organisation gestatte hingegen ihren Individualitäten Leben, Selbständigkeit und Zweckeinheit trotz innerer Gegensätze. Diese seien dem Gedeihen des Gebildes sogar unentbehrlich. Die Gesellschaft sei eine solche Organisation. Ratzenhofer: a. a. O. (S. 294).

Zu Seite 53. Schäffle: Darwinismus und Socialwissenschaft (S. 27 fg.), und Derselbe: Deutsche Kern- und Zeitfragen (S. 44 bis 49).

Mit Recht macht Reich darauf aufmerksam, daß neben Individualismus und Socialismus noch Eudämonismus und Evolutionismus als Hauptgegensätze in der Auffassung des menschlichen Lebens getreten seien. Dabei zeigten demokratische Richtungen oft theoretisch eine bedenkliche Zuneigung für den platten Eudämonismus. Emil Reich: Die Socialethik als Lehrgegenstand der Hochschule. Vierteljahrsschrift für wissenschaftliche Philosophie XX, 4 (S. 455).

Zu Seite 55. Daß ein starker Export von Industrieartikeln und Import von Lebensmitteln eine gewisse Gefahr für das betreffende Land bedeutet, ist schon in der älteren englischen Literatur bemerkt worden. Hierher gehört insbesondere die von physiokratischen Anschauungen beeinflußte Schrift von William Spencer: Britain independent of commerce. (2. Aufl. 1807), die den älteren Mill zu der Gegenschrift Commerce defended (1808) veranlaßte. In neuester Zeit hat Oldenberg darauf hingewiesen, welche Gefahr Deutschland in Folge der raschen industriellen Entwickelung läuft. Er gebraucht dabei das anschauliche Bild, ein solcher Staat gleiche einem Gebäude, dessen oberes Stockwerk von Pfeilern getragen werde, die auf fremdem Grunde stehen. Angesichts der rasch anwachsenden Bevölkerung sieht Oldenberg einen Zustand voraus, in dem die broterzeugenden Länder den Industrieländern dictiren.

Mag nun auch Oldenberg etwas zu schwarz gemalt haben, im Wesen sind seine Ausführungen unanfechtbar. Sie werden auch nicht, wie dies Weber eingewandt, durch den Hinweis darauf entkräftet, daß der Hauptexport Deutschlands nach England stattfinde, denn daraus folgt noch nicht, daß die Waaren auch in England consumirt werden. Wahrscheinlich gehen die meisten dieser Waaren erst durch die Hände englischer Exporteure an die wirklichen Consumenten über. Vgl. K. Oldenberg's Rede auf dem 8. evangelisch-socialen Congresse zu Leipzig (10. und 11. Juni 1897). In allerjüngster Zeit hat Sombart die Behauptung aufgestellt, die Entwickelung gienge nicht dahin, dem Export eine stets wachsende Quote der Production zuzuweisen. Indes halte ich Sombart's Ausführungen für anfechtbar. Vgl. W. Sombart: Entwickeln wir uns zum Exportindustriestaate? Sociale Praxis vom 16. März 1899, VIII. Jahrg., Nr. 24, und K. Oldenberg und Walther Bergius: Sociale Praxis vom 13. April 1899, VIII. Jahrg., Nr. 28.

Daß Aristoteles für die Autarkie seines idealen Staates eintritt, mag aus der antiken Wirthschaftsverfassung erklärt werden (Politik IV. Buch). Aber auch Fichte weist auf die Gefahr hin, die ein Staat im internationalen Verkehr laufe. Die merkantilistische Politik suche diese Gefahr abzuschwächen. J. G. Fichte: Der geschlossene Handelsstaat. 1800, Schluß des 2. Buches.

Zu Seite 56. Rümelin macht aufmerksam, daß die europäischen Provinzen des römischen Reiches im 2. Jahrhundert nach Christi Geburt

45 Millionen Einwohner (nach mäßiger Schätzung) gehabt haben sollen. Nach 1700 Jahren hatten dieselben Länder 156 Millionen Einwohner, was einer durchschnittlichen jährlichen Zunahme von 0·7 pro Mille entspreche. „Solche Rechnungen zeigen, daß ein für unser Jahrhundert selbst minimaler Jahreszuwachs für Vergangenheit und Zukunft zu gleichen Unglaublichkeiten führt und tief erniedrigt werden muß, wenn er auf Reihen von Jahrhunderten anwendbar werden soll. Rümelin in Schönberg's Handbuch, 1. Aufl. 1882 (S. 1242 bis 1243).

Nach Levasseur betrug die Bevölkerung Europas

im Jahre 1800 . . . . 175 Millionen
„   „   1830 . . . . 222·8   „
„   „   1860 . . . . 290·6   „
„   „   1880 330   „
„   „   1890 350   „

Mit diesen Angaben stimmen die Angaben anderer Statistiker im Ganzen überein. Vgl. Michael G. Mulhall: The dictionary of statistics, London 1892 (S. 442).

Mit Recht rühmt Schmoller die ältere Verfassung der Hausindustrie, weil sie die Zahl der Verleger und Heimarbeiter der durchschnittlichen Nachfrage anzupassen suchte, während heute jede günstige Conjunctur eine proletarische Volksvermehrung und eine Reservearmee hungernder Heimarbeiter schüfe, für welche Arbeit zu versorgen, die Verleger nicht verpflichtet seien. Schmoller: Die geschichtliche Entwickelung der Unternehmung. Jahrbuch ꝛc. XV. Bd. (S. 27 fg.) Auch Malthus stand unter dem Eindrucke einer raschen Volksvermehrung, die eintrat, als die Farmer die Arbeiter nicht mehr im Haushalte haben wollten. Während früher nur die Arbeiter heiraten konnten, denen Cottages gegeben wurden, heirateten sie nun Alle. Auch in den Städten war jede Uebersicht über die Existenzmöglichkeit verschwunden. A. Toynbee: Lectures on the industrial revolution of the 18th century in England. 4. Aufl. 1894 (S. 109 fg.).

Der Socialist Ritchie meint bezüglich der Bevölkerungspolitik, wir müßten unser Geschick selbst regeln und dürften uns nicht auf die gütige Vorsehung verlassen; denn die Meinung vieler Socialisten, daß die Production stets der Volkszunahme vorauseilen werde, sei falsch.

Ritchie, a. a. O. (S. 77). Aehnlich auch Kautzky: Der Einfluß der Volksvermehrung auf den Fortschritt der Gesellschaft, Wien 1880.

Die Volksvermehrung läßt sich in zweifacher — in demokratischer und in aristokratischer — Weise einschränken. Es kann nämlich bei großer Ehefrequenz wenig Kinder per Ehe geben (wie in Frankreich), oder aber man kann bei großem Kinderreichthum die Zahl der Ehen beschränken (wie in Deutschtirol). Von rein biologischem Standpunkte spricht gegen das erste System, daß bei seiner Herrschaft die nach den Erfahrungen der Thierzüchter relativ schwächlichen Erstgeborenen einen großen Theil der Nachkommenschaft ausmachen; gegen das zweite, daß die letzten unter einer großen Reihe von Kindern weniger lebensfähig sind.